IRANIAN LAWYERS ASSO

Advancing a Modern Constitution
for a Democratic Iran

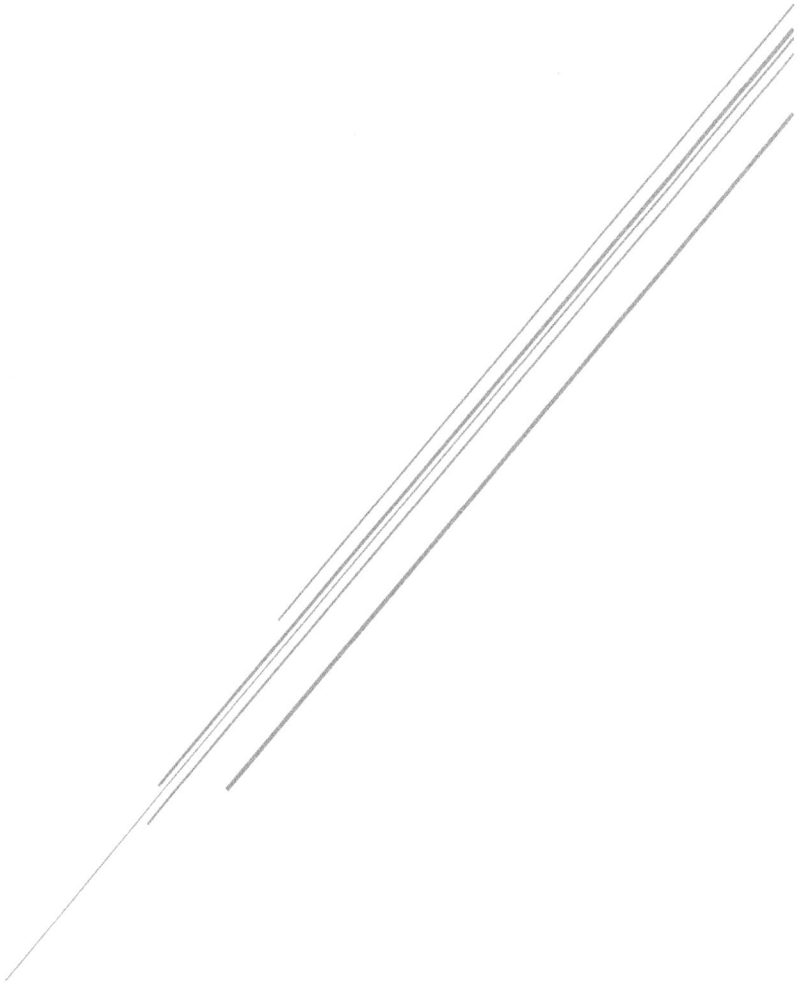

In English & Persian

Iranian Lawyers Association

Advancing a Modern Constitution for a Democratic Iran

Shahab Shabahang
2024

Iranian Lawyers Association

Advancing a Modern Constitution for a Democratic Iran

ISBN: 978-1-0689235-0-0

Shahab Shabahang

Table of Contents

We do not merely observe history.

We forge it!

Let's march together to shape the future of Iran.

ILA

Iranian Lawyers Association

Iranian Lawyers Association:
Advancing a Modern Constitution for a Democratic Iran

Foreword

The current draft is the fourth version of the proposed new Constitution of Iran, meticulously prepared and presented by the Iranian Lawyers Association. This version includes improvements mainly aimed at clarifying and differentiating the governmental structures (monarchy and presidential republic) within certain articles, including those related to the executive branch. In sections where an option exclusively pertains to one political structure, the relevant political structure's name is indicated in parentheses at the end of each option. Additionally, the English translation of the proposed draft and its supplementary materials are duplicated and included in this book. For information on the drafting process of the current proposal, please refer to the prefaces of the first to third versions, which are presented in chronological order at the end of this book.

Monarchy, Republic, or Another Structure?

The choice between these two governmental structures or various other existing structures in the contemporary world, or any innovation in these structures to adapt constitutional norms to Iran's specific conditions, rests with the collective wisdom of the people. This choice can be based on various factors, such as historical background, current political and social conditions, demographic composition, existing administrative structures, and the real possibilities for change and reform, including material and intellectual resources and organizational inertia. In the Iranian Lawyers Association's view, all these structures can function effectively and with integrity, or conversely, they can succumb to corruption and inefficiency. The Association believes that several other factors are crucial in ensuring the efficiency and integrity of a political structure, the most important of which include freedom of expression, freedom of the press, good constitutional and ordinary laws, and an independent judiciary based on the election of judges as outlined in the current draft.

The Necessity of Preparing a Draft Constitution Now

Preparing a draft constitution before the overthrow of a dictatorship can have both advantages and disadvantages for opposition groups, and its impact varies depending on specific circumstances, goals, and strategies of the antigovernment movement. Concerning Iran's particular conditions, some key points regarding potential advantages and disadvantages are presented below:

Advantages:

Demonstrating Foresight: Having a desirable draft constitution can show that the opposition movement is not solely focused on the campaign to overthrow the current regime but also has a clear vision for the country's future governance. Despite potential negative reactions from a few "passive-activists" due to various personal and group reasons, presenting a reliable draft can specifically demonstrate the preparedness of the opposition force for effective and forward-thinking leadership to the public, profoundly aiding in garnering public support and alleviating concerns.

Laying the Groundwork for Coordination and Integration: Drafting a constitution requires discussions and internal cooperation among opposition groups (excluding small political gatherings of a few people). This is the process that the Iranian Lawyers Association has pursued so far. This process can strengthen the framework for integration among different factions by identifying commonalities and differences, thus minimizing conflicts and confusion after the regime's downfall.

Attracting International Attention and Support: The draft constitution can serve as a tool for gaining international approval and support, providing foreign governments and organizations with a vision of the goals and commitment to future democratic governance.

Ensuring International Confidence in Preventing Chaos: One of the international community's main concerns is the fear of chaos in the region resulting from a mismanaged transition of power from a dictatorship to a new government. Alongside the need for various organizational and practical measures, preparing a set of laws to replace the old ones swiftly within a few days is an important action noted by political and security analysts worldwide. It can significantly contribute to confidence in preventing the emergence of what is known as a failed state. It is worth noting that the coalition of small opposition groups without practical measures for organization, foresight, and other considerations does not hold significant importance in the international political and security analyses. What matters is the presence of a capable and planning force that can win the public's trust. Small, disorganized groups will quickly fade in comparison to the emergence of such a forward-thinking and organized force.

Facilitating the Power Transition Process: A well-structured constitution can ease the power transition process by outlining the framework for key issues, rights, and responsibilities, thus reducing potential ambiguities and power vacuums. Apart from the options related to the governmental and executive structure included in the presented draft, defining and establishing other constitutional norms now allows for the preparation of drafts of other important laws that need immediate change after the regime's downfall. These include criminal laws, criminal procedure code, civil law, civil procedure code, the Administrative Court of Justice law, the Probate Law, and others totaling over twenty-seven laws. The list of these laws has been prepared and announced by the Iranian Lawyers Association, and the related drafts are in preparation.

Disadvantages:

Internal Conflicts: Developing a constitution involves significant decisions about the country's political, social, and economic future. Therefore, differences of opinion may arise among opposition groups, leading to conflicts and weakening the overall movement. However, since comprehensive political forces have not yet emerged or have not yet gained a significant position as a serious and reliable force among the Iranian populace, these potential conflicts among the existing groups are considered an outdated fashion by the public, and it seems that a large majority of people have moved beyond such games.

Resource Allocation: Drafting a constitution requires time, effort, and resources that could otherwise be dedicated to organizational and related activities focused on overthrowing the dictatorship. This problem is virtually non-existent as the Association has undertaken this effort using its resources and presented the result for use in any manner deemed appropriate by the people or groups.

Iranian Lawyers Association
July 2024
https://greenlawyers.wordpress.com

Draft of the New Constitution of Iran

Proposed by the Iranian Lawyers Association

PREAMBLE

The people of Iran, in order to ensure and guarantee the sovereignty of the nation based on the collective wisdom of the Iranian populace, in accordance with the principles of human rights, to eliminate all forms of discrimination, to respect the rights of every individual in Iran, and to respect other nations while establishing and maintaining peaceful relations with the world, hereby approve and adopt the following Constitution for the country of Iran.

CHAPTER ONE – GENERAL PRINCIPLES

Part One: Foundations

Article 1

The form of government of Iran is {.................................}, which the Iranian people approved by a majority of _____ percent of eligible voters in the referendum held on _____. Changing the form of government is only possible through a referendum in accordance with the subsequent principles of this Constitution.

> Option 1: Monarchy
> Option 2: Presidential Republic
> Option 3: Parliamentary Republic
> Option 4: Islamic Republic
> Option 5: Federal Republic

NB:

- The primary structure of this proposed draft is based on two forms of government: a monarchy (with a prime minister introduced by the monarch (king or queen, as the case may be) and elected by the parliament) and a presidential republic (with a president elected by the people, without the position of a prime minister)[1]. The options relevant to these two forms of government are included accordingly and separately in the respective articles.

---

[1] The explanations provided in the parentheses regarding the forms of government have been included because the titles such as presidential republic, parliamentary republic, monarchy, etc., are general terms in constitutional law. Each of these titles encompasses a range of governmental forms that fall under these general categories.

- In both governmental structures, various authorities are granted to regional and local officials at the provincial level. These officials are often elected by direct vote of the people.
- This draft can easily be converted to a parliamentary republic structure (with a president elected by the people and a prime minister introduced by the president and elected by the 'National Assembly' [referred to as the 'Parliament' hereinafter]. In many cases, changing the form of government does not require alterations to the fundamental and important principles of this draft; it mainly affects certain structures, especially the executive branch, and necessitates changes only in some articles.
- Ultimately, the decision regarding the selection from among the above options, or any other form and content of government, will rest with the representatives of the people in a council for drafting the new constitution for Iran and the people's vote. Lastly, the order of the structures listed above is based on the latest estimates by the Association in the spring of 2024 in five provinces of the country, considering the number of supporters of these structures, and may require different considerations according to future developments.

Article 2

Iran shall have a government based on the following principles:

1) The sovereignty of the nation over its destiny, grounded in the collective wisdom of society and utilizing the achievements of knowledge in human societies.
2) Guaranteeing freedom, equality, and other fundamental human rights, including civil, political, economic, social, and cultural rights within the country, with full consideration of international covenants and conventions.
3) Ensuring the right to life and personal security, preserving human dignity, and protecting individuals' honor, life, property, rights, residence, occupation, and privacy from infringement.
4) Rejecting any form of cruel, inhuman, or degrading treatment or punishment, and ensuring the right of everyone to access fair judicial proceedings.
5) Guaranteeing the non-discriminatory enjoyment of all humans, political, economic, social, and cultural rights for all genders, and assigning duties to them based on justice.
6) Ensuring the rights of children, mothers, the elderly, the sick, and the needy to receive special aid and support.
7) Observing and guaranteeing the complete separation and independence of the powers, while respecting the principle of the sovereignty of the people's vote.
8) Ensuring the participation of all people in determining their political, economic, social, and cultural destiny, and in administering the country's affairs through direct and unmediated elections by the people.
9) Providing equal rights for all groups, religions, ethnicities, and tribes throughout the nation.

10) Realizing the right of all members of society to health, and adequate and dignified welfare, including food, clothing, housing, social services, and free education.
11) Continuous and collective efforts and support for progress in science, technology, culture, and the arts.
12) Guaranteeing the economic and political independence and security of the country while engaging with other nations.
13) Respecting other nations and establishing peaceful relations with countries around the world.
14) Cooperating with international institutions to establish and promote human rights, peace, and improved living conditions globally.

Article 3

Freedom, independence, unity, and territorial integrity of the country are inseparable, and preserving them is the duty of the government and all citizens. No individual, group, or authority has the right, in the name of exercising freedom, to undermine Iran's political, cultural, economic, or military independence and territorial integrity in the slightest. Likewise, no authority has the right, in the name of preserving the country's independence and territorial integrity, to deprive people of their freedoms and fundamental rights, even by enacting laws and regulations.

Article 4

The affairs of the country must be administered based on public opinion, which shall be exercised through: (a) direct elections by the general populace, (b) direct local elections such as the election of representatives to the Parliament, governors, district governors, mayors, and other matters specified in the laws, as appropriate, by the people of each province, city, district, or other administrative divisions, (c) elections by a specific segment or profession of the populace, such as the election of judges to the Constitutional Court or the Supreme Court and similar instances, and (d) referendums in cases specified in other articles of this Constitution.

Part Two: Language, Script, Calendar, and Official Flag of the Country

Article 5

The official and common language and script of the people of Iran is Persian. Official documents, correspondence, texts, and schoolbooks must be in this language and script. The use of other languages and dialects in the press and mass media, and the teaching of their literature in schools alongside Persian, is permitted. Decisions regarding this use are to be made through public vote of the people of each province. Any changes to this Article can only be made through a general referendum at the national level in accordance with the provisions of this Constitution and other laws.

Article 6

The official calendar of the country is the Iranian calendar {..........................}.

    Option 1: Imperial with the starting point of ____

    Option 2: Jalali Solar

    Option 3: Solar and Lunar Hijri

Article 7

The official flag of Iran consists of three horizontal bands of equal width, from top to bottom, in the colors green, white, and red {..} in the center of the flag.

    Option 1: with the emblem of the lion and sun without a sword and crown

    Option 2: with the emblem of the lion and sun with a sword and crown

    Option 3: with the name "Iran" in Nastaliq script

    Option 4: without any emblem on it

    Option 5: with the emblem of Faravahar

    NB: The items listed above are based purely on assumptions about popular preferences, and their order does not indicate any factual priority or preference due to the lack of reliable statistics.

CHAPTER TWO – FUNDAMENTAL RIGHTS OF THE PEOPLE

Article 8

The people of Iran, regardless of group, religion, ethnicity, or tribe, have equal rights and the right to direct participation in the administration of the entire country and their local affairs. Beliefs, color, race, language, gender, and similar factors shall not be grounds for privilege.

Article 9

All individuals of the nation, irrespective of their gender, are equally protected by law and enjoy all human, political, economic, social, and cultural rights without discrimination. In drafting laws, special protection for children, mothers, the elderly, the sick, and the needy should be considered to the maximum extent possible.

Article 10

Fundamental rights such as freedom of expression, the right to personal security, privacy, and the private way of life, and the right to fair judicial proceedings cannot be violated against any individual or minority on the basis of majority opinion, even by enacting laws.

Article 11

The legislative, judicial, and executive branches are required to promptly amend all laws that are contrary to human rights and to continuously consider human rights in the drafting and approval of laws and regulations. Given the historical double oppression of women, eliminating all forms of discrimination against women, including in civil rights concerning marriage and divorce, inheritance, nationality issues, and similar matters, and in criminal rights concerning punishments, testimony, and similar matters, is a special priority.

Article 12

The dignity, life, property, rights, residence, occupation, and privacy of individuals are protected from infringement. Final orders and judgments of prosecutors' offices and courts issued in accordance with the law are not subject to this article.

Article 13

Inquiry into beliefs is prohibited, and no one can be prosecuted, harassed, or punished for holding, expressing, or promoting a belief.

Article 14

The religious and non-religious beliefs of all individuals are personal, respected, protected, and separate from the official policy of the state. Everyone is free to have religious and non-religious beliefs and to perform their belief-based rituals, without insulting other individuals or infringing their rights. Choosing or changing religious and non-religious beliefs is a personal and free matter. No action or inaction based on religious or non-religious beliefs, whether in private or public, can be imposed on anyone, even minors. {..} Personal status matters (marriage, divorce, inheritance, and wills) of religions and sects are recognized by the courts, as long as they do not contradict the laws of the country, human rights, public order, and good morals in their legal sense.

> Option: Inserting the following phrase in the above blank:
>> "The allocation or use of public funds and assets for the establishment of any facilities or institutions, or the country's educational system, for the promotion or education of religious or anti-religious beliefs, is prohibited."

Article 15

Wearing or not wearing a hijab or other religious symbols is a personal choice.

Article 16

There is no political crime. Anyone who commits an act such as defamation against physical or juridical persons during political activities or violates their rights shall be subject to punishment or obligated to compensate for the damages according to the law.

Article 17

Publishing books does not require a license, provided the publisher's identity is disclosed. Launching publications, newspapers, radio, television, and other group media is free. The responsible government institution or ministry must register these media according to laws enacted by the Parliament. These publications and media are free in expressing their content while respecting individuals' rights. The details of this Article shall be determined by law.

Article 18

Inspection and interception of letters, recording and disclosing telephone conversations, espionage, and disclosure of any type of communication whether ordinary or electronic, censorship, non-delivery, and non-communication are prohibited and punishable unless ordered by law and under the supervision and order of a competent judge.

Article 19

The formation of non-governmental organizations, parties, associations, political and professional unions is free. No one can be prevented from participating in them or compelled to participate in any of them. The Ministry of Interior and the Ministry of Labor are obligated to register and cooperate with these organizations according to laws enacted by the Parliament.

Article 20

Organizing gatherings and processions without carrying weapons is a right and freedom of individuals. The time and place of gatherings and processions must be notified to the Ministry of Interior (i.e., in provincial centers to the governorate, in counties to the district governorate, and in other administrative divisions to the district office) at least 72 working hours in advance to make necessary arrangements for the security of participants and others. The Ministry of Interior is obligated, within a maximum of 48 hours (two working days) from the receipt of the request, to issue a permit or explicitly state the reasons for not issuing it at the requested time or place and propose an alternative time and place. In case of disagreement, the applicant has the right to appeal against the decision of the Ministry of Interior according to relevant laws. The courts shall handle such appeals within a maximum of ten days from receipt of the appeal.

Article 21

Strike is one of the means to assert rights. Its conditions shall be determined by law.

Article 22

Everyone has the right to choose an occupation of their choice that is not contrary to laws, public order, morality, and the rights of others. The government is obligated to create conditions for employment in various occupations for all individuals, considering societal needs, and to ensure equal opportunities for access to occupations. Any discrimination in the selection of individuals for occupations based on their ideological beliefs is prohibited and constitutes a punishable offense.

Article 23

Access to social security during retirement, unemployment, old age, disability, lack of guardianship, disabilities, accidents and disasters, and the need for healthcare and medical services is a universal right. The government is obligated, according to laws and using public revenues and people's participation revenues, to provide services and financial support mentioned above for every Iranian. In any case, acceptable coverage of free medical insurance and minimum continuous income, the amount of which will be determined by law in each case, is the responsibility of the government for every Iranian under 18 and over 65 years old, regardless of their employment status. The legislative and executive branches are obligated, considering financial resources and other facilities, to expand the coverage of medical insurance and gradually lower the age limit for free medical services and minimum continuous income.

Article 24

The government is obligated to provide free education resources and facilities for the entire nation up to the completion of the associate's level diploma, while adhering to desirable educational standards, and to expand higher education resources as much as possible, free of charge. This principle does not preclude the consideration of incentive mechanisms and supportive measures for the private sector to establish educational and research centers.

Article 25

Having adequate housing corresponding to needs is the right of every Iranian individual and family. The government is obligated, prioritizing those in greater need, to create conditions for implementing this principle to the extent of its capabilities.

Article 26

Presumption of innocence is guaranteed, and no one shall be considered guilty under the law unless their crime is proven in a competent court. No act is a crime unless specified as such in criminal laws. Punishments prescribed by law shall be enforceable only after legislative approval by the Parliament, in accordance with a systematic framework encompassing criminal laws, which are made accessible to the public nationwide. Determining crimes falls within the exclusive jurisdiction of the Parliament which, without traditional prejudices, is based solely on the study of societal needs and scientific achievements concerning all aspects of individual and social human life, while observing principles of human rights and adopting a crime prevention approach.

Article 27

No one shall be arrested except by the order and procedure prescribed by law. Upon arrest, the accused must be immediately notified in writing of the charges against them, and the preliminary file must be submitted to competent judicial authorities within a maximum of twenty-four hours, with trial proceedings initiated within a maximum of one month. If convicted, the temporary detention period shall be deducted from their sentence. Violation of this principle, in addition to permanent separation from all governmental services and public institutions requiring stipulation of their names[2], subjects the offender to other punishments stipulated by law.

Article 28

The right to recourse to justice is the inherent right of every individual, and anyone may refer to competent courts for litigation. All members of the nation have the right to access such courts, and no one can be prevented from referring to a court entitled to hear their case under the law.

Article 29

In all criminal proceedings, parties to a lawsuit have the right to appoint an attorney for themselves, and if they cannot afford or are otherwise unable to choose an attorney, facilities must be provided for them to appoint one.

Article 30

Verdicts and their enforcement must only be through a competent court and according to the law.

Article 31

Execution, under any circumstances, in any form, including shooting, hanging, stoning, and any other imaginable methods, is strictly prohibited. Solitary confinement for more than 72 hours, more than four times a year, and any form of physical or mental torture, for any reason including obtaining confessions or information, is prohibited. Forcing someone to testify, confess, or swear is not permissible, and such testimony, confession, or oath is devoid of value and credibility. Violation of this principle, in addition to permanent separation from all governmental services and public institutions requiring stipulation of their names, subjects the offender to other punishments stipulated by law and requires compensation for the material and moral damages caused.

Article 32

Disgracing the sanctity and dignity of any individual who has been arrested, detained, imprisoned, or exiled by the order of law in any way is prohibited and punishable. Violation of this principle, in addition to permanent separation from all governmental services and public institutions requiring stipulation of their names, subjects the offender to other punishments stipulated by law and requires compensation for the material and moral damages caused.

---

[2] In Iranian law, "public institutions requiring stipulation of their names" refers to specific public institutions, such as municipalities and certain other entities, that are explicitly mentioned in an Act to define and list such entities.

Article 33

The location and facilities of the country's prisons must be registered with the relevant judicial authority within the judiciary, and their list must be provided to the legislative branch through the official gazette for public knowledge. The doors of all prisons must remain open day and night and throughout the year to special inspectors of the three branches of government, members of the Parliament, collectively or individually, as well as representatives of human rights organizations of the United Nations. Violation of this principle, in addition to permanent separation from all governmental services and public institutions requiring stipulation of their names, subjects the offender to other punishments stipulated by law.

Article 34

No one can be exiled from their place of residence or prohibited from residing in their place of preference, or forced to reside in a specific place, except in cases prescribed by law.

Article 35

No one can exercise their rights as a means to harm others or encroach upon public interests.

Article 36

Iranian citizenship is the absolute right of every Iranian individual, and the government cannot revoke any Iranian of their citizenship except at their own request.

Article 37

Foreign nationals may acquire Iranian citizenship within the limits of the law, with full gender equality. Revocation of citizenship of such persons may only occur if another government accepts their citizenship, or if they request it themselves, or upon the decision of a competent court for actions against territorial integrity or national security, or for crimes committed against individuals.

CHAPTER THREE – ECONOMY AND FINANCIAL AFFAIRS

Article 38

The structure of the country's economy is based on three sectors: governmental, private, and cooperative. {...}
The government is obligated to enhance the conditions for private and cooperative sectors' activities through transparency, legislation, and facilitation of regulations. The law specifies the details thereof.

> Option 1: The government does not have the right to monopolize economic activities for itself except in cases related to the provision of essential needs and fundamental rights of society or national security.

Option 2: The government does not have the right to monopolize economic activities for itself.

Article 39

Public properties and assets such as abandoned lands, mines, seas, lakes, rivers, public waters, mountains, valleys, forests, marshlands, natural prairies, pastures without owners, escheat, ownerless properties, and public properties recovered from usurpers, are under the jurisdiction of the government to act upon them according to public interests and, as appropriate, in compliance with laws and approvals of the Parliament. The law specifies the details and procedures for their utilization.

Article 40

Personal ownership acquired through legal means is respected. Every individual's ownership of their earnings and lawful business is inviolable, and no one can be deprived of their right to ownership of their business or violate their fundamental human rights. The law specifies the details thereof.

Article 41

Free access to information in general, especially regarding the performance of the executive, legislative, and judicial branches, as well as all public institutions and entities, is the right of the people. Instances where the disclosure of information may contradict national interests are determined by law enacted by the Parliament. The aforementioned branches and institutions are obligated to establish suitable mechanisms for both physical and electronic archiving of documents and records to prevent their destruction or tampering.

Article 42

In the exploitation of natural resources, based on scientific and environmental criteria grounded in sustainable development, and in the utilization of national revenues at the provincial level and the distribution of economic activities among provinces and different regions of the country, there should be no discrimination. Each region should have access to the necessary capital and resources according to its own needs and growth potentials.

Article 43

The government is obligated to confiscate wealth derived from usurpation, bribery, embezzlement, theft, misuse of endowments, misuse of public tenders and transactions of government and public institutions, and companies in which the government or public institutions have shares, sale of abandoned lands, establishment of vice dens of iniquity, and other illegal acts. It shall return these assets to their rightful owners if identified, and if ownership cannot be determined, deposit them into the state treasury. This action must be undertaken by the government following investigation and proof in a competent court. In cases related to government or public institutions and companies in which the government or public institutions have shares, any Iranian citizen may report to the judiciary or directly file a lawsuit in the judiciary. In the latter case, upon obtaining a final judgment indicating proof of the claim, they shall be entitled to receive remuneration, based on the attorney retainer fee schedule, from the funds recovered during execution of the judgment.

Article 44

Environmental protection, essential for the current and prospective generations to sustain their social life, and the preservation and safeguarding of the cultural and historical heritage of the country, are considered public duties. Therefore, economic activities or others causing irreparable pollution or environmental damage or leading to harm or destruction of cultural and historical heritage, are prohibited. Moreover, the government is obligated to establish appropriate mechanisms to finance the preservation and maintenance of the environment as well as cultural and historical heritage through revenues generated self-sufficiently, considering tax incentives and similar measures, and if necessary, through earmarking the public budget. The details of this Article, and civil and criminal responsibilities arising from its violation, shall be specified by law.

Article 45

No form of taxation, duties, or similar charges shall be imposed except by law. Exemptions, reductions, and tax reliefs shall be specified by law.

Article 46

The annual national budget shall be prepared by the government in accordance with procedures set forth by law and submitted to the Parliament for review and approval. Any changes to the budget figures shall also be subject to the procedures stipulated by law.

Article 47

All government revenues shall be centralized in the national treasury accounts, and all expenditures shall be within the limits of approved appropriations according to the law.

Article 48

The State Audit Court operates directly under the supervision of the Parliament. The organization and administration of its affairs in the Capital and provincial centers shall be determined by law.

Article 49

The State Audit Court shall audit and check all accounts of ministries, institutions, state-owned companies, and other entities that utilize the national budget in any way, as stipulated by law, to ensure that no expenditure exceeds approved appropriations and that every sum is spent according to its designated purpose. The State Audit Court collects and reports these accounts, documents, and records annually according to the law, along with its budget audit report, to the Parliament. This report must be made publicly accessible.

CHAPTER FOUR – THE SOVEREIGNTY OF THE PEOPLE AND DERIVATIVE POWERS

Article 50
The nation governs its own social destiny. No one can deprive the people of this right or place it in the service of individual or specific group interests.

Article 51
The governing power in Iran consist of the legislative, executive, and judicial branches, which are independent of each other. The functions of these three branches shall be supervised according to the provisions of this Constitution as stipulated hereinafter.

Article 52
The legislative functions are exercised through the Parliament, composed of elected representatives of the people. Its decisions, after going through the procedures outlined in subsequent Articles, are communicated for execution to the executive and judicial branches.

Article 53
In economic, political, social, and cultural matters, the legislative functions may be exercised through referendums and direct consultation with the people's votes. Referring to public opinion, upon the request of three-fourths of the members of the Cabinet of Ministers or half of the representatives of the Parliament or one-fortieth of the total population eligible to vote, shall be included in the agenda of the Parliament and must eventually be approved by two-thirds of the total members of the Parliament.

Article 54
Option 1: Executive functions are exercised through the Monarch, Prime Minister, and Ministers.   *(monarchy)*
Option 2: Executive functions are exercised through the President and Ministers.   *(presidential republic)*

Article 55
The judicial functions are exercised through the judiciary courts, which must be established according to the law, and it must deal with the resolution of disputes, safeguarding public rights, and promoting and enforcing justice.

CHAPTER FIVE – THE LEGISLATIVE BRANCH

Part One - The Parliament

Article 56

The Parliament is composed of representatives of the people who are directly elected by secret ballot. The eligibility requirements for voters include being of Iranian nationality {, holding the minimum diploma of elementary education,} and being at least 18 years old. The eligibility requirements for candidates include being of Iranian nationality, being at least 25 years old, {holding a bachelor's degree,} and having no criminal record for felonies, misdemeanors, financial crimes, or other offenses as specified by election laws. The law will determine the election procedures to ensure the direct and unmediated opinion of the people and to provide the necessary and sufficient conditions to guarantee the integrity of the elections.

> Option 1: Retain the phrases within brackets in the text of this article.
> Option 2: Remove the phrases within brackets in the text of this article.

Article 57

The term of representation in Parliament is four years. Elections for each term must be held before the end of the previous term so that the country is never without a Parliament.

Article 58

The number of representatives in the Parliament is one for every 200,000 Iranians on average. Starting from the date of the first referendum on this Constitution, the number of representatives will be adjusted every ten years based on the new population of the country, subject to approval by an absolute majority (half plus one) of the total representatives in the Parliament. The law will determine the boundaries of electoral districts.

Article 59

After the elections, the sessions of the Parliament are official with the quorum of two-thirds of the total representatives. Bills and proposals are approved according to the internal regulations unless a specific quorum is stipulated in the Constitution. For the approval of internal regulations, the relative majority (i.e., obtaining the most votes even without an absolute majority) of the representatives is required.

Article 60

The procedure for electing the Speaker and the Presiding Board of the Parliament and their term of office, the number of committees, and matters related to the deliberations and order of the Parliament are specified by the internal regulations of the Parliament.

Article 61

Representatives must take the following oath and sign the oath text at the first session of the Parliament:

> "I swear before the Iranian people and based on my human honor that I will safeguard Iran, national interests, and the rights of the people. I will observe integrity in fulfilling my duties as a representative and always commit to the independence and advancement of the country and serving the people. I will defend the Constitution and, in my words, writings, and opinions, consider the independence of the country, the freedom of the people, and their interests."

Representatives who do not attend the first session must take the oath at the first session they attend. If they wish, representatives may take the oath by placing their hand on the holy book of their religion.

Article 62

In times of war and military occupation of the country, upon the proposal of the {.................} and the approval of three-fourths of the total representatives, elections in the occupied areas or the entire country can be suspended for a specified period. If a new Parliament is not formed, the previous Parliament will continue its work. This suspension must be lifted at the earliest opportunity and no later than the end of the occupation. Reviewing violations of this provision falls under the jurisdiction of the Constitutional Court.

> Option 1: Monarch *(monarchy)*
> Option 2: President *(presidential republic)*

Article 63

Deliberations of the Parliament must be public, and a complete report of them should be broadcast on the national radio and television and published in a special edition of the official gazette for public information. In emergency situations, if national security requires, an in-camera session can be held upon the request of the {...................} or one of the ministers or ten representatives. Resolutions of the in-camera sessions are valid if approved by two-thirds of the total representatives. Once the emergency conditions are resolved, as determined and voted on by the absolute majority of the total representatives of the Parliament, the reports and resolutions of these sessions must be published for public information.

> Option 1: Monarch or Prime Minister *(monarchy)*
> Option 2: President *(presidential republic)*

Article 64

The {...} have the right to attend public sessions of the Parliament either collectively or individually and may bring their advisors. If deemed necessary by the representatives, ministers are obligated to attend, and if the representatives request, the ministers' statements will be heard.

> Option 1: Monarch, Prime Minister, their deputies, and the ministers
> *(monarchy)*
> Option 2: President, his/her deputies, and the ministers
> *(presidential republic)*

Part Two - Powers and Jurisdiction of the Parliament

Article 65
The Parliament can legislate on all matters within the limits prescribed by the Constitution. Proposals and bills must be communicated to the relevant ministries and government agencies before being considered in the Parliament, and their representatives must be present to offer advisory opinions during the deliberation of these proposals and bills. The details will be specified by law.

Article 66
The Parliament cannot pass laws that contravene the provisions of this Constitution. The determination of this matter, as outlined in Article 88, falls within the jurisdiction of the Constitutional Court.

Article 67
The interpretation of ordinary laws falls within the jurisdiction of Parliament. This Article does not preclude the interpretation by judges when determining the right in legal cases.

Article 68
Legislative bills are submitted to the Parliament after being approved by the Cabinet of Ministers, and legislative proposals can be introduced in the Parliament with the support of at least five percent of the representatives.

Article 69
Legislative proposals and amendments presented by representatives regarding legislative bills that would result in a decrease in public revenue or an increase in public expenditure can only be considered in the Parliament if they specify how the reduction in revenue or the new expenditure will be covered, unless their consideration is initially approved by the Parliament.

Article 70
The Parliament has the right to examine and investigate all affairs of the country, including those of the executive and judicial branches.

Article 71
Treaties, conventions, pacts, covenants, contracts, and international agreements that create political, economic, or cultural obligations, regardless of their designation, must be ratified by the Parliament.

Article 72

Any alteration of the national borders is prohibited, except for minor adjustments based on national interests, provided it is not unilateral and does not harm the independence and territorial integrity of the country. Such changes require the approval of four-fifths of all the representatives of the Parliament.

Article 73

The establishment of martial law is prohibited. In the event of war or similar emergencies, the government may temporarily impose necessary restrictions with the approval of an absolute majority of the Parliament. However, these restrictions cannot exceed thirty days, and if the necessity persists, the government must seek reauthorization from the Parliament, which requires a two-thirds majority of the representatives.

Article 74

Granting and receiving unrepayable loans or aid, both domestic and foreign, by the government must be approved by the Parliament and made public through the official national gazette and national broadcasting service.

Article 75

Granting concessions for the establishment of companies and institutions in certain commercial, industrial, agricultural, mining, and service sectors related to essential needs or the fundamental rights of society, military affairs, or national security to foreigners is absolutely prohibited. The specifics will be determined by law based on the political and economic conditions of each period.

Article 76

The employment of foreign experts by the government is prohibited, except in cases of necessity. In the military- and security-related matters, this requires the approval of the Parliament, and in other cases, it requires the approval of the Cabinet of Ministers. The details will be specified by law.

Article 77

Public buildings and properties considered national treasures cannot be transferred to others unless approved by a two-thirds majority of the Parliament, and only if they are not unique national treasures.

Article 78

Each representative is responsible to the entire nation and has the right to express opinions on all domestic and foreign matters of the country.

Article 79

To aid in the drafting of better laws and ensure the participation of specialists in the legislative process, the Parliament will form specialized committees in economic, labor and social affairs, education and research, foreign policy, healthcare, planning and budget, energy, and other matters as deemed necessary by the Parliament. Each committee will consist of at least fifteen representatives chosen by the Parliament and an equal number of experts with relevant specializations selected by relevant university graduates nationwide. The composition of the National Security Committee is exempt from this provision. The detailed provisions of this Article regarding the conditions for voters and candidates, the method of election, and other arrangements shall be determined by law.

Article 80

The position of a representative is personal and cannot be transferred to another. The Parliament cannot delegate its legislative authority to any individual or group, but in necessary cases, it may delegate the authority to draft certain laws, in compliance with Article 66, to its internal committees. These laws will be implemented experimentally for a period determined by the Parliament, and their final approval will be by the Parliament.

Additionally, the Parliament can delegate the permanent approval of the statutes of organizations, companies, and government or government-affiliated institutions, in compliance with Article 66, to the relevant committees or authorize the government to approve them. Government enactments shall not contradict the general laws and regulations of the country. The determination of this matter falls within the jurisdiction of the Parliament, based on the request of at least ten percent of the representatives. This determination does not preclude individuals from seeking judgment from the Constitutional Court to ascertain conformity with the Constitution and from the Administrative Court of Justice for conflicts with ordinary laws.

Article 81

In the execution of their representative duties, representatives of the Parliament are completely free in their opinions and votes within and outside the Parliament. They cannot be prosecuted or punished for the opinions they express or the votes they cast in the course of their representative duties, whether during or after their term.

Article 82

The {...............} must obtain a vote of confidence from the Parliament for the Cabinet of Ministers after its formation and before taking any other actions.

    Option 1: Prime Minister   *(monarchy)*
    Option 2: President   *(presidential republic)*

Article 83

If at least one-fourth of the total representatives of the Parliament question the {..................} or any representative questions the responsible minister about one of their duties, the {..................} or the minister is obligated to appear in the Assembly and respond to the question. This response must not be delayed for more than one month in the case of the {..................} and more than ten days in the case of the minister, unless a valid excuse is provided, subject to the approval of the Parliament.

>   Option 1: Prime Minister | Prime Minister | Prime Minister *(monarchy)*
>   Option 2: President | President | President   *(presidential republic)*

Article 84

Representatives of the Parliament may impeach the Cabinet of Ministers or any minister whenever necessary. The impeachment must be presented to the Parliament with the signatures of at least ten percent of the representatives. The impeached Cabinet of Ministers or minister must appear in the Parliament within ten days of the impeachment's presentation to respond and seek a vote of confidence. If the Cabinet of Ministers or the minister fails to attend, the representatives will provide necessary explanations regarding the impeachment. If the Parliament deems it appropriate, it will issue a vote of no confidence. If the Parliament does not grant a vote of confidence, the impeached Cabinet of Ministers or minister is dismissed. Impeached ministers cannot be part of the immediately succeeding Cabinet of Ministers.
If at least one-fourths of the members of the Parliament initiate impeachment proceedings against the {......................} in their capacity overseeing the execution of executive duties and managing the country's executive affairs, the {......................} must appear within one month of the motion being raised in the Parliament and provide sufficient explanations regarding the issues raised. If, after statements from opposing and supporting members and the {......................}'s responses, two-thirds majority of all members do not grant a vote of confidence, the matter shall be communicated to the {......................} for implementation.

>   Option 1: Prime Minister | Prime Minister | Prime Minister | Monarch
>   *(monarchy)*
>   Option 2: President | President | President | the Cabinet of Presidential
>   Leadership composed of the First Vice President, the Head of
>   the Judiciary, and the Speaker of the Parliament
>   *(presidential republic)*

Article 85

Anyone who has a complaint regarding the functioning of the Parliament or the executive or judicial branches can submit their complaint in writing to the Parliament. The Parliament is obligated to address these complaints and provide an adequate response. In cases where the complaint pertains to the executive or judicial branches, the Parliament must investigate and seek adequate responses from those branches and inform the complainant of the outcome within a reasonable time. If the matter concerns the public, the results must be made public, and if a crime is detected, it must be reported to the Attorney General for action. In cases of constitutional violations, the

Parliament is obligated to report them to the Constitutional Court.

Article 86

To ensure and determine compliance with the Constitution and the non-contradiction of the enactments of the Parliament and the government with it, in the event of a challenge through a lawsuit by any person, and other tasks specified in this law and other laws, the Constitutional Court is formed with the following composition as judges of this court:

- Ten judges, whether serving or retired, with at least fifteen years of judicial experience, elected by the judges of the country.
- Ten legal scholars in various fields of law, selected from university faculty members and legal experts, elected by graduates with at least a bachelor's degree in law.
- Five lawyers with at least twenty years of membership in bar associations, elected by the members of the bar associations.

The details of this Article will be specified by law.

Article 87

Members of the Constitutional Court are elected for ten years, but in the first term, after five years, half of the members of the first and second categories and three members of the third category mentioned in Article 86 will be replaced by drawing lots, and new members will be elected to replace them.

Article 88

The determination of the contradiction of the enactments of the legislative and executive branches with the Constitution is made by the ruling of the Constitutional Court, which is issued based on the opinion of the absolute majority of the total members of this court.

Article 89

The interpretation of the Constitution, at the request of any of the heads of the three branches, the Parliament, the Supreme Court, or the Administrative Court of Justice, falls within the jurisdiction of the Constitutional Court, which requires the approval of the absolute majority of its total members.

Article 90

The Constitutional Court is responsible for addressing complaints related to presidential elections, observing Article 100, parliamentary elections, and recourse to public opinion and referendums. Sessions of the court must be broadcast to the public through national television and/or accessible networks.

CHAPTER SIX – REGIONAL AND LOCAL COUNCILS

Article 91

For the direct participation of the people in supervising the proper execution of affairs and the rapid advancement of social, economic, developmental, health, cultural, and educational, considering local requirements, councils named Provincial, City, County, District, and Village Councils are established to manage the affairs of each province, city, county, district, and village. Members of these councils are directly elected by the people of the respective regions. The conditions for voters and candidates, the scope of the councils' supervisory duties and powers, and their election procedure and supervision thereof, as well as their hierarchy, which must adhere to the principles of national unity, territorial integrity and compliance with national laws, are specified by law.

Article 92

To prevent discrimination among provinces, facilitate the preparation of developmental and welfare plans for the provinces, and oversee their coordinated implementation, the Supreme Council of Provinces is formed, comprising representatives from the provincial councils. The procedure for its formation and duties are specified by law.

Article 93

The Supreme Council of Provinces, as well as each Provincial Council, have the right to prepare and propose bills related to their duties, directly or through the government, to the Parliament if necessary and if no relevant law already exists. These bills must be considered by the Parliament.

Article 94

Dissolution of the councils is only possible in case of deviation from their legal duties. The authority to determine deviation, the procedure for dissolution, and the procedure for reformation are specified by law. If the council objects to its dissolution, it has the right to appeal to a competent court, which must hold expedite and out-of-turn proceedings.

CHAPTER SEVEN – THE EXECUTIVE BRANCH

Part One - Head of the Executive and Ministers

Article 95

Option 1: The Monarchy is the highest official authority in the country, and following their death or abdication, their successor from among Iranian-origin nominees, exclusively a citizen of Iran, at least 35 years of age, free from drug and alcohol addiction as defined by law, with no criminal record in felonies, misdemeanors, financial crimes, or other crimes determined by election laws, and free from mental, psychological, or physical illness that would impede the duties of this office, is elected through a general election by direct vote of the people. The Monarchy is responsible for nominating the Prime

Minister to the Parliament. The Prime Minister is responsible for implementing the Constitution and heads the executive branch.

(monarchy)

Option 2: The Monarchy is the highest official authority in the country and is elected for the first time through general elections by direct vote of the people. Following their death or abdication, one of their children is elected as their successor through a general election by direct vote of the people. The Monarchy is responsible for nominating the Prime Minister to the Parliament. The Prime Minister is responsible for implementing the Constitution and heads the executive branch.

(monarchy)

Option 3: The President is the highest official authority in the country and is responsible for executing the constitutional law and heading the executive branch. *(presidential republic)*

Article 96

Option 1: The Prime Minister is nominated by the Monarch to the Parliament and is elected by an absolute majority of the total representatives. Re-election is allowed only for two additional terms.

(monarchy)

Option 2: The President is elected by direct vote of the people for a term of four years and may be re-elected only for one additional term. Holding the office of the presidency for more than two terms in total is strictly prohibited. *(presidential republic)*

Article 97

{...
}

Option 1: The Prime Minister is selected by the Monarch from among qualified men, women, or other genders as per the following conditions and is introduced to the Parliament: *(monarchy)*

Option 2: The President is elected by direct vote of the people from among qualified men, women, or other genders as per the following conditions: *(presidential republic)*

{...}

Option 1: Must be of Iranian origin, exclusively a citizen of Iran, possess at least a bachelor's degree, be at least 30 years old, not addicted to drugs as defined by law, and have no criminal record in felonies, misdemeanors, financial crimes, or other crimes determined by election laws.

Option 2: Must be of Iranian origin, exclusively a citizen of Iran, possess at least a bachelor's degree, be at least 30 years old, not addicted to drugs or alcohol as defined by law, have no criminal record in felonies, misdemeanors, financial crimes, or other crimes determined by election laws, and have no mental, psychological, or physical illnesses that would prevent the fulfillment of presidential duties.

Option 3: Must be exclusively a citizen of Iran, be at least 30 years old, not addicted to drugs or alcohol as defined by law, and have no criminal record in felonies, misdemeanors, financial crimes, or other crimes determined by election laws.

Article 98

Option 1: Political parties nominate their candidate(s) to the Monarch, who selects his/her preferred candidate from these individuals or any other qualified individual as per Article 97 and introduces the nominee to the Parliament.   *(monarchy)*

Option 2: Presidential candidates must officially declare their candidacy before the election begins. The law specifies the procedure for conducting presidential elections.   *(presidential republic)*

Article 99

Option 1: The Prime Minister is elected by an absolute majority of the total members of the Parliament. If the nominated individual by the Monarch does not obtain the required majority, a second vote is held two weeks later. If the majority is not achieved, the Monarch must nominate another qualified individual to the Parliament within two weeks. If the second and third nominees also fail to gain the necessary majority, the Monarch must order a general election for the Prime Minister within one week. The details of implementing this Article are specified by law.   *(monarchy)*

Option 2: The President is elected by an absolute majority of the participating voters. If no candidate achieves such a majority in the first round, a second vote is held on the last day of the second week after the first round. In the second round, only the two candidates with the highest votes from the first round participate. If one of these candidates withdraws, the candidate with the next highest votes from the first round will be included in the second round. If one of the two candidates withdraws or passes away between the first and second rounds, there must be at least a week between the withdrawal announcement or demise and the second round. Other details are specified by law.   *(presidential republic)*

Article 100

The responsibility for supervising the proper conduct of elections, in general, lies with the Election Supervisory Board, composed of ten representatives of the Ministry of Interior elected by the Cabinet, ten representatives of the

Judiciary elected by the Supreme Court, and thirty-one members of the Parliament elected by the Parliament. The Constitutional Court has the authority to review complaints about the decisions of the Election Supervisory Board. The details of this Article are specified by law.

Article 101

Option 1: The nomination of a Prime Minister to the Parliament must occur at least three months before the end of the previous Prime Minister's term. If the election of the new Prime Minister is not finalized before the end of the previous Prime Minister's term, the Monarch will fulfill the duties of the Prime Minister until a new Prime Minister is elected. *(monarchy)*

Option 2: The election of a new President must occur at least one month before the end of the previous President's term. During the period between the election of the new President and the end of the former President's term, the outgoing President will continue to fulfill presidential duties. *(presidential republic)*

Article 102

Other details regarding elections are determined by the election law approved by the Parliament.

Article 103

The {....................} will take the oath in the Parliament in a session attended by the head of the Judiciary as follows and will sign the oath document:

"I, as the {....................}, in front of the Iranian nation, relying on my human honor, commit and swear to protect Iran, national interests, and the rights of the people. In fulfilling my duties as the {....................}, I will uphold honesty and always adhere to the independence and promotion of the country and serve the people. I will defend the Constitution, utilize all my talents and abilities to fulfill the responsibilities entrusted to me, and dedicate myself to serving the people and the advancement of the country, supporting justice, and avoiding any form of tyranny. I will defend the freedom, dignity, and rights recognized by the Constitution for the people, protect the borders and political, economic, and cultural independence of the country, and safeguard the power entrusted to me by the nation as a faithful trustee, passing it to the elected representative of the people after me."

The {....................} can take the oath with their[3] hand on the holy book of their

---

[3] The words "they," "them," and "their" are used to refer to a singular third party as modern English gender-neutral terms. However, when this usage could cause ambiguity, the third person singular pronouns (i.e., he/she) have been used to signify all genders. In Persian, the third person singular is intrinsically gender-neutral.

religion if they wish. The Head of the Parliament will sign and present the Inaugural Certificate to {...................} on behalf of the nation.

> Option 1: Prime Minister | Prime Minister | Prime Ministerial | Prime
> Minister | Prime Minister   *(monarchy)*
> Option 2: President | President | Presidential | President | President
> *(presidential republic)*

Article 104

The {.................} is accountable to the {..} within the scope of the powers and duties assigned by the Constitution and ordinary laws.

> Option 1: Prime Minister | Monarch, the nation, and the Parliament
> *(monarchy)*
> Option 2: President | nation and the Parliament *(presidential republic)*

Article 105

The {..............................} is obligated to sign legislative bills or the results of referendums after they have gone through legal procedures and have been officially communicated to him, and to hand them over to officials for implementation.

> Option 1: Prime Minister   *(monarchy)*
> Option 2: President   *(presidential republic)*

Article 106

The {...........................} may appoint deputies to assist in carrying out the duties assigned by law. The First Deputy, upon the request or approval of the {........................}, will oversee the Cabinet and be responsible for coordinating the activities of the other deputies.

> Option 1: Prime Minister | Prime Minister   *(monarchy)*
> Option 2: President | President   *(presidential republic)*

Article 107

The documents related to international unions, treaties, conventions, covenants, agreements, and contracts of the government, ministries, and government-affiliated organizations with other governments or foreign private sectors, after the approval of the Parliament, is signed by the {........................} or his/her legal representative. The provisional approval of such documents by the {...................} or his/her legal representative is permissible if it has no binding effects. The {..} must inform the Parliament of the above cases within fifteen days.

> Option 1: Monarch | Monarch | Monarch and the Prime Minister
> individually or jointly   *(monarchy)*
> Option 2: President | President | President   *(presidential republic)*

Article 108

{................................} is directly responsible for the country's planning and budget affairs, and administrative and employment matters, and can delegate their administration to another person.

      Option 1: The Prime Minister   *(monarchy)*
      Option 2: The President   *(presidential republic)*

Article 109

The {................................} may appoint special representatives with specific powers for particular tasks, if necessary and approved by the cabinet. In such cases, the decisions of these representatives are considered as decisions made by the {................................} and the Cabinet.

      Option 1: Prime Minister | Prime Minister *(monarchy)*
      Option 2: President | President   *(presidential republic)*

Article 110

Ambassadors are appointed upon the proposal of the Minister of Foreign Affairs and approval by the {................................}. {................................} signs the credentials of the ambassadors and accepts the credentials of the ambassadors of other countries.

      Option 1: Prime Minister | Prime Minister *(monarchy)*
      Option 2: The President | The President *(presidential republic)*

Article 111

In addition to the duties assigned to the {...................} by the provisions of this Constitution and ordinary laws, the following responsibilities are also assigned to the {...................} and cannot be delegated to others:

1) Commanding the armed forces
2) Declaring war and peace, with the approval of the Parliament (if the Parliament is in session and can convene)
3) Appointing and dismissing the Chief of the Joint Staff of the armed forces and the senior commanders of the military and law enforcement forces with the approval of the Parliament, and accepting their resignations with the notification of the Parliament.
4) Granting pardons or commuting sentences of convicts upon the recommendation of the Head of the Judiciary
5) Bestowing state medals of honor following the recommendation of {......................}

      Option 1: Monarch | Monarch | the Prime Minister or the Parliament
                                                 (monarchy)
      Option 2: President | President | a minister or the Parliament
                                                 (presidential republic)

Article 112

The {……...……} submits his resignation to the {……………} and continues to perform his duties until his resignation is accepted by the {……………}.

    Option 1: Prime Minister | Monarch | Monarch *(monarchy)*
    Option 2: President | Speaker of Parliament | absolute majority of the total
            representatives   *(presidential republic)*

Article 113

Option 1: In the event of the death, resignation, dismissal, or inability of the Prime Minister to perform his duties for more than one month due to absence, illness, or similar reasons, or if the term of the Prime Minister has ended and a new Prime Minister has not yet been elected due to obstacles, or other such circumstances, the Monarch will temporarily assume the duties of the Prime Minister. If during this period, the Monarch, at his discretion or by the absolute majority of the Parliament, is unable to perform the duties, the Speaker of the Parliament will assume the duties of the Prime Minister. If this is not possible, as determined by the Speaker or the absolute majority of the Parliament, the Parliament will temporarily appoint an individual to assume the duties of the Prime Minister. If the absolute majority of the Parliament determines that the Prime Minister cannot return to work, all the aforementioned substitute persons are required to ensure that a new Prime Minister is introduced and elected within a maximum period of two months from the determination of the inability to return to work. The details of this Article will be specified by law.   *(monarchy)*

Option 2: In the event of the death, resignation, dismissal, or inability of the President to perform his/her duties for more than two months due to absence, illness, or similar reasons, or if the term of the presidency has ended and a new President has not yet been elected due to obstacles, or other such circumstances, a council called the Presidential Council, consisting of the First Vice President, the Head of the Judiciary, and the Speaker of the Parliament, will temporarily assume all presidential duties. If during this period one of them is unable to perform his/her duties for any reason, another person will be appointed by the Parliament to replace him/her on the Council. This council is required to ensure that new presidential elections are held within a maximum period of two months. Additionally, if the President is temporarily unable to perform the duties of the presidency for a period of two months or less due to illness or another incident, the mentioned Council in this Article will assume his duties. The chairmanship of the Council will be held by the First Vice President and, in his absence, by the Speaker of the Parliament and the Head of the Judiciary, respectively. The details of this

Article will be specified by law.   *(presidential republic)*

Article 114

Option 1: During the period when the powers and responsibilities of the Prime Minister are assumed by one of the persons listed in Article 113, ministers cannot be impeached or given a vote of no confidence, nor can steps be taken to hold a referendum for constitutional revision.
(monarchy)

Option 2: During the period when the powers and responsibilities of the President are assumed by the Presidential Council, ministers cannot be impeached or given a vote of no confidence, nor can steps be taken to hold a referendum for constitutional revision.
(presidential republic)

Article 115

Ministers are appointed by {.............................} and introduced to the Parliament for a vote of confidence. With a change of Parliament, it is not necessary to seek a new vote of confidence for the ministers. The number of ministers and the scope of their duties are determined by law.

> Option 1: The Prime Minister   *(monarchy)*
> Option 2: The President   *(presidential republic)*

Article 116

The chairmanship of the Cabinet of Ministers is held by the {........................}, who oversees the work of the ministers, coordinates the decisions of the ministers and the Cabinet, and with the cooperation of the ministers, determines the government's plans and policies and implements the laws. In case of any disagreement or conflict in the legal duties of government bodies, if interpretation or amendment of the law is not required, the decision of the Cabinet of Ministers, upon the proposal of the {................................}, shall be binding. The {..........................} is accountable to the Parliament for the actions of the Cabinet of Ministers.

> Option 1: Prime Minister | Prime Minister | Prime Minister *(monarchy)*
> Option 2: President | President | President   *(presidential republic)*

Article 117

Ministers remain in office unless they are dismissed, or the Parliament gives them a vote of no confidence through impeachment or a request for a vote of confidence. The resignation of ministers and the Cabinet of Ministers is submitted to the {....................}. In the latter case, the Cabinet of Ministers shall continue its duties until a new government is appointed. {........................} can appoint an acting minister for ministries without a minister for a maximum period of three months.

> Option 1: Prime Minister | Prime Minister *(monarchy)*
> Option 2: President | President   *(presidential republic)*

Article 118

{.............................} can dismiss ministers, and in such a case, must seek a vote of confidence from Parliament for the new minister or ministers. If one-third of the Cabinet of Ministers changes after the Parliament has expressed confidence in the government, he/she must seek a new vote of confidence for the Cabinet of Ministers from the Parliament.

> Option 1: The Prime Minister   *(monarchy)*
> Option 2: The President   *(presidential republic)*

Article 119

Each minister is responsible for his/her specific duties before the {....................} and the Parliament, and in matters approved by the Cabinet of Ministers, he/she is also accountable for the actions of others.

> Option 1: Prime Minister   *(monarchy)*
> Option 2: President   *(presidential republic)*

Article 120

In addition to cases where the Cabinet of Ministers or a minister is tasked with drafting executive regulations for laws, the Cabinet of Ministers has the right to issue decrees and regulations to carry out administrative duties, ensure the implementation of laws, and organize administrative bodies. Each minister also has the right, within the scope of his/her duties and the resolutions of the Cabinet of Ministers, to issue regulations and directives, provided that the contents of these regulations do not contradict the letter and spirit of the laws. The government can delegate the approval of some matters related to its duties to commissions composed of a number of ministers. The resolutions of these commissions, within the limits of the laws, are binding after being approved by the {.........................}.

The government's decrees and regulations, and the resolutions of the commissions mentioned in this Article, must be communicated to the Parliament for implementation. If the Parliament finds them contrary to the laws, it can return them to the Cabinet of Ministers for reconsideration, stating the reasons. The Parliament's opinion does not prevent individuals from exercising their right to refer to the Constitutional Court to determine conflicts with the Constitution and to the Administrative Court of Justice for conflicts with ordinary laws.

> Option 1: Prime Minister   *(monarchy)*
> Option 2: President   *(presidential republic)*

Article 121

The settlement of disputes concerning public and state property or their resolution through arbitration in each case requires the approval of the Cabinet of Ministers and must be reported to the Parliament. In cases where the opposing party is foreign and in significant domestic cases, it must also be approved by the Parliament. The law defines the significant cases.

Article 122

The prosecution of {..........................}, their deputies, and ministers for crimes related to their duties is conducted in one of the branches of the Supreme Court, and for ordinary crimes in the general courts of justice, and in both cases with the knowledge of the Parliament.

> Option 1: The Prime Minister   *(monarchy)*
> Option 2: The President   *(presidential republic)*

Article 123

The {..........................}, their deputies, ministers, and government employees cannot hold more than one governmental position, and holding any other position in institutions where all or part of the capital belongs to the government or public institutions and organizations, representation in the Parliament, legal practice, legal consulting, as well as chairmanship, executive management, or membership in the board of directors of various governmental and private companies, except for cooperative companies of offices and institutions, is prohibited for them. Teaching positions in universities and research institutions are exempt from this rule. An individual, in general, is prohibited from simultaneously holding executive management positions, board memberships, or consultancy roles, or any combination thereof, in two or more governmental or government-affiliated companies, institutions, entities, or public institutions requiring specific stipulation of their names.

> Option 1: Prime Minister   *(monarchy)*
> Option 2: President   *(presidential republic)*

Article 124

The assets of {..............................}, their deputies, ministers, members of Parliament, and their spouses and children before and after service, are audited by the head of the Judiciary to ensure they have not increased unlawfully.

> Option 1: The Prime Minister   *(monarchy)*
> Option 2: The President   *(presidential republic)*

Part Two - The Army of Iran

Article 125

Apart from the police forces established in accordance with the law, which ensure public security and perform judicial enforcement duties, the Iranian Army is the sole military force of the country. The Army is responsible for safeguarding the independence and territorial integrity of the nation. The Army is accountable directly and through the Ministry of Defense to the Parliament for its actions.

Article 126

No foreign national shall be admitted into the ranks of the Army and the Armed Forces of the country.

Article 127

The establishment of any foreign military bases in the country, even for peaceful purposes, is prohibited. However, cooperation with United Nations bodies or the implementation of conventions and international treaties ratified by the Parliament are exceptions to this rule.

Article 128

The government may utilize the personnel and technical equipment of the Army for relief and educational purposes during peacetime, provided it does not impair the combat readiness of the Army. In any case, and under any circumstances, to preserve the sanctity of the services of the armed forces to the nation and the people, the involvement of these forces, like other military, intelligence, and security forces, in political and economic affairs is prohibited.

Article 129

Any personal exploitation of the resources and facilities of the Army, such as using its personnel as aides or drivers for personal errands, is prohibited.

Article 130

The promotion and demotion of military ranks shall be in accordance with the law.

Article 131

The government is obligated to provide military training opportunities for all individuals in the country, so that everyone is always capable of armed defense of the nation. However, the possession of weapons must be authorized by official authorities. The voluntary or compulsory nature and other conditions related to military service, depending on the circumstances of the country, shall be determined by the Parliament.

CHAPTER EIGHT – FOREIGN POLICY

Article 132

Iran's foreign policy is based on the rejection of any form of domination and submission, the preservation of comprehensive independence and territorial integrity of the country, observation of human rights, and the establishment of mutual peaceful relations with the world. The government, through the Ministry of Foreign Affairs, is responsible for the country's foreign policy, and the Parliament may play a supervisory and guiding role regarding the government's foreign policy through its resolutions.

Article 133

Any contract that leads to foreign dominance over the country's natural resources, economy, culture, military, or other affairs is prohibited. The extent of this prohibition shall be delineated by law.

Article 134

The Iranian government may grant asylum to those seeking political or social refuge unless they are recognized as traitors to their nation, or criminals, under Iranian laws or international conventions that Iran has signed and ratified.

CHAPTER NINE – THE JUDICIARY

Article 135

The Judiciary is an independent branch that supports individual and social rights and is responsible for realizing justice and undertaking the following duties:

1. Reviewing and adjudicating grievances, abuses, complaints, resolving disputes, and making necessary decisions and actions in the matters defined by law.
2. Restoring public rights and expanding justice and human rights.
3. Supervising the proper implementation of laws.
4. Taking appropriate measures to prevent crimes and rehabilitate offenders.
5. Detecting crimes, prosecuting and punishing offenders, and enforcing other criminal laws.
6. Performing supervisory duties and other tasks specified in the laws governing the relationships between the judiciary and the executive and legislative branches.

Article 136

To fulfill the responsibilities of the judiciary in all judicial, administrative, and executive matters, an individual from among the just, knowledgeable legal experts aware of judicial affairs, with at least fifteen years of experience in judicial practice or legal advocacy, elected by the country's judges and approved by the Parliament, shall be appointed for a non-renewable term of five years as the Head of the Judiciary, who is the highest authority in the Judiciary. Their removal is only in case of a final criminal conviction by the combined members of the Supreme Court and the Administrative Court of Justice, and in other cases by the approval of three-fourths of the total members of the Parliament. The detailed procedures for selection and removal is specified by law.

Article 137

The duties of the Head of the Judiciary are as follows:

1. Establishing necessary structures in the Judiciary based on the law and the responsibilities stipulated in Article 135.
2. Preparing judicial bills with due regard to the Constitution.
3. Chairing the Judges Employment Board, consisting of the Head of the Judiciary, five judges of the Supreme Court, and five judges of the Administrative Court of Justice, responsible for employing fair, competent, and law-educated judges, appointing and dismissing them, changing their place of assignment, and determining their positions and promotions in accordance with the law.

Article 138

The Judiciary is the official authority for grievances and complaints. The establishment of courts and determination of their jurisdiction are subject to legal provisions.

Article 139

The Supreme Court is established to supervise the correct implementation of laws in courts, create judicial uniformity of precedence, and fulfill responsibilities assigned by law, according to criteria determined by law. The judges of the Supreme Court are elected by the Judiciary judges.

Article 140

The President of the Supreme Court and the Attorney General must be chosen from among fair and knowledgeable judges with at least fifteen years of judicial experience, elected by the judges of the Supreme Court for a non-renewable term of five years. Their removal is the responsibility of the same court, with notification to the Parliament. Accepting their resignation is within the authority of the Head of the Judiciary.

Article 141

The qualifications and characteristics for being a judge shall be determined by law in accordance with the principles of the Constitution.

Article 142

A judge cannot be removed from their position without a trial and proof of a crime or misconduct that warrants dismissal, either temporarily or permanently. Furthermore, their place of service or position cannot be changed without their consent unless it is in the interest of society, decided by the reasoned decision of the Head of the Judiciary, the Supreme Court, and the Attorney General. The periodic transfer of judges shall be carried out according to general regulations specified by law.

Article 143

Court proceedings shall be conducted in open sessions, and the presence of individuals and media is generally unobstructed unless the court determines that open proceedings would be contrary to public decency or order, or in private disputes, at least one party requests in-camera proceedings and the court accepts.

Article 144

Court rulings must be reasoned and based on the laws and principles upon which the judgment is issued. Courts must address all the arguments of the parties individually and state the reasons for accepting or rejecting them separately, explicitly, and completely.

Article 145

A judge is obligated to seek the ruling of civil cases in codified laws and judicial precedents and, if not found, to issue a judgment based on customs and established legal principles and cannot refrain from adjudicating a case and issuing a ruling on the grounds of silence, deficiency, ambiguity, or contradiction in the codified laws.

Article 146

No act or omission shall be considered a crime retroactively based on a law enacted after the fact.

Article 147

Judges of the courts are obligated to refrain from implementing governmental decrees and regulations that contradict the codified laws or exceed the executive branch's powers, and while issuing the necessary judgment in the case, notify the Administrative Court of Justice for a general decision. In any case, any person can request the annulment of such regulations from the Administrative Court of Justice. If the claim is proven, the person shall be entitled to a reward equivalent to the legal fees based on attorney retainer fees schedule, to be paid by the offending executive body.

Article 148

Whenever material or moral damage is caused to someone due to the fault or mistake of a judge in the subject matter, ruling, or application of the ruling to a specific case, the liable judge is personally responsible if it is due to fault or negligence. Otherwise, the damage shall be compensated by the government, and in any case, the damage to the harmed person shall be compensated according to the law.

Article 149

For adjudicating offenses related to the specific duties of military or law enforcement personnel of the army and other armed forces, military courts shall be established in accordance with the law. However, their general offenses or those committed in the capacity of law enforcement shall be tried in civilian courts. Military prosecutors and military courts constitute a part of the Judiciary, and in terms of the selection of judges and other arrangements, they are subject to the laws governing this branch.

Article 150

In order to address the complaints, grievances, and objections of the public regarding all government decrees, regulations, and directives, as well as decisions made by government officials, departments, organizations, other governmental units, and non-governmental public institutions requiring specific stipulation of their names, and to uphold the rights of the people, the Administrative Court of Justice holds jurisdiction. The selection of the members of this Court shall be made from among the judiciary judges, and the appointment and dismissal of its president shall be determined by the Court members and approved by the Head of the Judiciary. The specifics of this Article, including the extent of its authority and its operational procedures, shall be determined by law.

Article 151

Based on the judiciary's supervisory authority to ensure the proper conduct of affairs and the correct implementation of laws within administrative bodies, the National Oversight Organization operates under the supervision of the Head of the Judiciary. The president of this organization is appointed by the Head of the Judiciary for a five-year term, which is renewable for only one additional five-year term, and his/her dismissal is carried out by the Supreme Court upon the request of the Head of the Judiciary. The acceptance of his/her resignation rests with the Head of the Judiciary. The scope of the powers and duties of this Organization is delineated by law.

CHAPTER TEN – NATIONAL MEDIA

Article 152

The National Broadcasting Organization of Iran is entrusted with the duty of transparent information dissemination and the observance of freedom of thought and expression, in accordance with the principles of the Constitution and other laws of the country. The appointment and dismissal of the president of the National Broadcasting Organization are the responsibility of the Parliament. A council composed of representatives from the {..................}, the Head of the Judiciary, and the Parliament (each providing three members) will oversee this organization. The policy, administration, and oversight of this organization, as well as the conditions for establishing and managing other media entities funded by public resources, shall be determined by law enacted by the Parliament.

> Option 1: Prime Minister   *(monarchy)*
> Option 2: President   *(presidential republic)*

CHAPTER ELEVEN – SUPREME NATIONAL SECURITY COUNCIL

Article 153

In order to safeguard national interests, territorial integrity, and national sovereignty, the "Supreme National Security Council" shall be established under the chairmanship of the {.............}, with the following duties:

- Formulating the country's defense and security policies.
- Coordinating the executive, legislative, and judicial branches on general defense and security measures.
- Utilizing the country's material and moral resources to counter internal and external threats.

      Option 1: Monarch   *(monarchy)*
      Option 2: President   *(presidential republic)*

Other members of the council include:

- The Heads of the executive, legislative, and judicial branches
- The Chief of the Joint Staff of the Armed Forces
- The highest-ranking officials of the Army, Air Force, Navy, and other forces established by law within the military
- The official responsible for planning and budget
- Three representatives selected by the Parliament
- The Ministers of Foreign Affairs, Interior, and National Security
- The minister relevant to the subject under review

The Supreme National Security Council, in accordance with its duties, may establish standing committees such as the Defense Committee and the National Security Committee. The head of each standing committee shall be appointed by the Supreme National Security Council. The scope of authority and responsibilities of the standing committees and their organizational structure shall be approved by the Supreme National Security Council.

CHAPTER TWELVE – REVISION OF THE CONSTITUTION

Article 154

Considering the evolution of human societies, changing needs of humans, advancements in human knowledge, and recognizing the necessity of adapting laws and regulations governing human life, the revision of the Constitution of Iran is permissible and shall be conducted as follows:

a) Regularly every twenty-five years, *or*
b) When the necessity for revision or amendment of the Constitution is proposed by an absolute majority of the total Parliament members and approved by two-thirds of the total members of the Parliament.

A Constitutional Revision Council shall be formed with the following composition and chaired by the Speaker of the Parliament to draft amendments or revisions:

- The Heads of the three branches of government
- The Judges of the Constitutional Court
- Five ministers selected by the Cabinet of Ministers
- Five members of the Judiciary selected by the judges of the Supreme Court
- Ten members of the Parliament selected by the Parliament
- Five members of the university faculty selected by the Parliament

The Council's resolutions shall be approved by fifty-five percent majority of participants in a referendum.

The responsibility for overseeing the proper conduct of the referendum rests with a Referendum Supervisory Board, composed of five representatives from the Ministry of Interior selected by the Cabinet, five representatives from the Judiciary selected by the Supreme Court, and twenty-five representatives from the Parliament selected by the Parliament. The Constitutional Court shall have the jurisdiction to address complaints about the decisions of the Referendum Supervisory Board.

The procedure of the council, detailed regulations for the referendum, and other related matters shall be specified by law.

Alliance for Democracy Resolution

The Iranian Lawyers Association (ILA), taking into account the historical achievements and experiences of human societies, especially the experiences of recent decades in our country, Iran, announces its support for the necessity of revising the Constitution based on the following principles. We invite all the people of Iran to actively participate in refining these principles and drafting the final version of the Constitution:

1) Sovereignty of the nation over its destiny based on collective wisdom and utilizing the achievements of human knowledge.
2) Observance of freedom, equality, and other fundamental human rights, including civil, political, economic, social, and cultural rights in the country, with full regard for international covenants and conventions, such as the International Covenant on Civil and Political Rights (1966), the International Covenant on Economic, Social and Cultural Rights (1966), the Convention on the Elimination of All Forms of Discrimination Against Women (1979), and the Convention on the Rights of the Child (1989), and the enactment of national regulations in accordance with these rights.
3) Non-discriminatory enjoyment of all human, political, economic, social, and cultural rights by men and women, and the assignment of duties based on justice.
4) Prohibition of inquisition, interrogation, and harassment of individuals due to holding or expressing beliefs.
5) Prohibition of segregation for occupations based on individuals' beliefs.
6) Complete freedom in holding religious or non-religious beliefs, performing religious ceremonies, and respecting personal status laws (marriage, divorce, inheritance, and wills) of religions and faiths, as long as, according to court rulings, they do not conflict with the laws of the country, human rights, public order, and good morals (in a legal sense).
7) Freedom to wear or not wear the hijab or other religious and non-religious symbols.
8) Equal rights for all faiths, ethnicities, and groups, regardless of factors such as beliefs, color, race, language, and the like.
9) Complete freedom to form political parties, associations, trade unions, and the freedom to start mass media, hold gatherings and marches, and strike, as the most important means of achieving rights.
10) Guarantee of the right to life and personal security, and immunity from harm to the dignity, life, property, rights, residence, and job of individuals.
11) Rejection of any cruel, inhumane, or degrading treatment or punishment, and ensuring everyone's access to a fair trial.

12) Prohibition of any torture and physical or mental abuse for any reason, including to extract confessions or obtain information, or for the purpose of inquisition, or disrespecting the accused or convicted. Prohibition of unofficial detention centers and the necessity of keeping all prisons open 24/7 throughout the year to special inspectors from the three branches of government and representatives of the Parliament, collectively or individually, as well as representatives of official human rights bodies of the United Nations, and the necessity of severe punishment for violators of these provisions.

13) Abolition of the death penalty in any form, under any conditions, and in any manner, whether by shooting, hanging, stoning, or any other conceivable form.

14) Realization of the right of all society members to healthcare, adequate and decent human welfare, including food, clothing, housing, social services, and free education.

15) Observance and guarantee of the complete separation and independence of the branches of government, with adherence to the principle of the sovereignty of the people's vote.

16) Administration of the country's affairs based on the direct and immediate votes of the people, including the election of high officials of the three branches of government (legislative, executive, and judiciary), senior regional and local executive officials, regional and local councils, and guaranteeing the people's participation in determining their political, economic, social, and cultural fate.

17) Considering accessible ways to amend the Constitution, considering the evolution of human societies, changing needs, and human knowledge, and understanding the necessity of transforming the laws and regulations governing human life.

18) Guaranteeing the country's economic and political independence and security, while interacting with other countries.

19) Respect for other nations and establishing peaceful relations with countries around the world.

20) Cooperation with international institutions to establish and develop human rights and peace, and to improve living conditions in the world.

Iranian Lawyers Association
October 16, 2009
https://greenlawyers.wordpress.com

(*) Note: This resolution was first signed by the "Lawyers of the Green Movement of the Iranian People," which later changed its name to the "Iranian Lawyers' Association," and was published on this group's blog on October 16, 2009. It subsequently formed the basis for drafting the proposed new Constitution of Iran.

Foreword to the First Draft

Free and Valiant People of Iran!

A significant portion of the people participated in the tenth presidential election, hoping to shape a different destiny within the flawed legal framework by electing a new president. However, upon realizing their defeat, the despots resorted to widespread fraud and manipulation of the election results. The people immediately launched a massive, peaceful, green protest to demand attention to their call for investigating organized fraud and handing over power to their elected president. In response, the fraudsters initiated a bloody coup and, under their [Supreme] Leader's command, tried to quell the people's uprising through beatings, repression, arrests, imprisonment, physical and psychological torture, and even sexual assault.

The people's movement went further, demanding the dismissal and trial of the fraudulent candidate and his criminal accomplices, and eventually calling for the removal of the Leader within the framework of the existing Constitution. Yet again, the Leader and other coup perpetrators persisted in their obstinacy and crimes. The judiciary, ignoring its legal and human duties, continued to support the tyranny, becoming a tool for the coup leaders and criminals. The Assembly of Experts, inactive for twenty years, shamelessly supported the leader of the coup and criminals, showing that relying on it is an illusion.

These factors collectively led the people, who intended to demand their rights within the same Constitution by supporting their elected candidate, to become disillusioned with the Islamic Republic, which has become nothing more than an empty, decayed shell. They cried out for the end of religious despotism. In this cry, esteemed scholars, Islamic thinkers, true Muslims, and those who care for Islam joined the people, lamenting over what has become of their beliefs.

Therefore, the children of the Iranian nation hold up a mirror to the actions of the coup leaders and the regime's cronies and incapable institutions. Today, the people of Iran have taken significant steps forward and seek to shatter the skies and create a new order. The current people's movement, as the embodiment of the nation's century-old struggle for freedom, presents the draft of the new Constitution of the proud nation to the noble people of Iran, the martyrs of the path to freedom, the imprisoned, and the valiant fighters. This draft serves as the foundation to be refined through collective wisdom and eventually put to a referendum as part of the ongoing fight for justice.

Below is the first proposed draft of the new Constitution of Iran, followed by a comparative table of this first draft and the current Constitution of the Islamic Republic[4]. Although we suggest reviewing the table, we strongly recommend

---

[4] The comparative table is available on the Iranian Lawyers Association's weblog.

a thorough reading of the clean text (without the Islamic Republic's Constitution) to understand the coherence and interconnectedness of the Articles, such as the system of relationships between the three branches of government.

The aim of preparing this first draft is to gather and summarize everyone's opinions and suggestions. These will be incorporated into the draft in two ways:

a) Wherever possible, the relevant point will be integrated into the text if:
- The suggested point is independent of other clauses and does not disrupt the structure of the Constitution.
- There are no opposing views on the matter.
b) Otherwise, the suggested points will be included as separate clauses titled "Proposal 1, 2, etc." under the relevant Articles.

We request that suggestions related to Articles connected to others be presented in a manner that reflects the necessary coordinated changes in the related Articles, with the specific Article numbers mentioned. For example, if someone prefers a republican system where a president elected by the people works with a prime minister chosen by the president, parliament, or a combination thereof, the corresponding changes in the method of selecting the prime minister and their duties, as well as the president's, should also be suggested. Similarly, if someone supports a monarchy, they should propose the duties of this position and the title and powers of the head of the executive branch. However, for issues like the national flag's emblem, it is sufficient to state the preference (e.g., "the name of Iran in Nastalīq script," "Lion and Sun," "no emblem," "the current emblem," or any other suggestion). Since this Article is not directly related to other principles, simply stating the preference is enough. If a proposal receives at least 1% of the total suggestions, it will be included without discrimination and with maximum fidelity in the second draft, which will be published shortly after collecting the suggestions.[5]

This method is part of the most successful approach currently used for drafting international conventions and treaties and in transnational parliaments.

The prepared text, containing compiled suggestions, both in agreement and disagreement, can serve as a valuable source after a referendum and the election of Constitutional Assembly representatives in a free election under impartial supervision. Adhering to the fundamental principles outlined in the "Alliance for Democracy" Resolution (attached hereto) means more unity in advancing the fight against despotism. Having diverse opinions on the provisions of the draft Constitution is not only acceptable but also essential for democracy. The Green Movement's fundamental feature is uniting a wide

---

[5] This occurred when the second draft of the Constitution was published on the Iranian Lawyers Association's weblog on January 3, 2010.

range of people around a central axis, which is democracy. Some differences in views are due to the nature of the subjects. For example, regarding the organization of the branches of government, their structure, and similar matters, there are inherently multiple solutions, each potentially effective if well-designed. We believe that the provisions outlined in this draft have fewer flaws and more advantages than existing models, even in many successful countries. Nevertheless, we welcome small or large amendments to improve any of these provisions. Our hope is to succeed in reducing flaws and increasing the advantages of this draft through collective effort.

The "Alliance for Democracy" Resolution, previously drafted by the ILA lawyers, has been refined and improved based on compatriots' opinions and serves as the foundation and essence of this draft. It is essential to emphasize that this proposed text is a draft Constitution, specifying the fundamental and basic frameworks of running the country. While the Articles of a constitution must be clear, unambiguous, and concise, it is not required to cover every specific instance under each Article, as this would require including thousands of pages of laws in the Constitution. For example, the Constitution can state the basis of individual rights (e.g., women's rights) as religious teachings, international human rights, or other standards, but should not delve into details of issues like marriage, divorce, inheritance, child custody, etc. By stating non-discriminatory or equal rights for men and women, respecting human rights as mentioned in several Articles of this draft, the matter is fundamentally clear, and the broad lines are drawn at the constitutional level. Detailed and specific provisions on each issue will later be addressed by civil, criminal, and other laws and, in some cases, judicial precedents.

Lastly, the more people's opinions are gathered, the more mature the text will become. Every single opinion will be thoroughly reviewed. Iran is equally for all Iranians. We request all interested individuals to spread the word extensively via Facebook, Twitter, Bluetooth, various websites, and individual and group emails. A constitution is the cornerstone of democracy. It determines how different segments of the population participate in power distribution and management, guaranteeing fundamental freedoms and preventing tyranny. Let us actively participate in drafting it. Your opinions will help us achieve a better draft Constitution. Please send your suggestions to the blog coordinator at: shahab_shabahang@hotmail.com

Iranian Lawyers for the Green Movement
November 2009
https://greenlawyers.wordpress.com

Note: The date and title in the signature section of this Foreword correspond to the time of its writing for the first draft of the Constitution.

Foreword to the Second Draft

Freedom-loving People of Iran!

The second draft of the proposed new Constitution is hereby presented. This text has been further refined through the review of feedback from many compatriots and the incorporation of some of their suggestions, mainly following the process outlined in the Foreword to the First Draft, along with the valuable cooperation of colleagues who have recently joined this movement. Many of the shared suggestions from friends have been legally formulated and directly included in the text of the Articles. In cases where this was not possible, or for different or conflicting suggestions that scored for inclusion in the second draft, the relevant points have been included as received proposals under the respective Article.

Two points are noteworthy: first, the level of engagement from friends through feedback, especially detailed emails, has been very impressive. Secondly, the commonality in "thought foundations and desires" is very encouraging. This shows that a broad group of respondents know what they are looking for, and it is nothing less than a system that guarantees fundamental freedoms and democracy, designed so intelligently and precisely that it blocks all possible avenues for the emergence of tyranny, oppression, and corruption. Some differences are only about the structures and configurations of government institutions and branches. What is important is that we mostly share common goals. Differing opinions on the mechanisms to achieve these goals are not only acceptable but can be very constructive. The worst-case scenario is that, in case of still having unresolved differences through discussion, the case would ultimately be decided by the ballot box. The thread connecting freedom seekers is not uniformity of opinions but the recognition of the right to differ and the resolution of differences through democratic and civilized means, under the rule of reason and intellect.

Let us actively distribute the second draft proposal. This is a positive civil action. We hope that, by the time a body (by any name or title) is formed to draft the Constitution as the true representatives of the people, we will have prepared a polished and reliable text that can serve as a useful resource if those representatives so desire.

Furthermore, this text will be placed on a "wiki" to facilitate the organized collection of feedback. The address of this wiki will be posted on our blog.

We are considering the possibility of preparing a booklet (or an oral collection) to explain and clarify each of the provisions drafted in the proposed draft. We hope to have the lifespan and necessary strength to accomplish this.

Iranian Lawyers for the Green Movement
January 2010
https://greenlawyers.wordpress.com

Note: The date and title in the signature section of this Foreword correspond
to the time of its writing for the second draft of the Constitution.

Foreword to the Third Draft

Free and Valiant People of Iran!

The proposed draft of the new Constitution of Iran, presented below, was first prepared in November 2009 by the "Iranian Lawyers of the Green Movement" (now renamed to "Iranian Lawyers Association" following its expansion and subsequent developments). After receiving expert opinions from legal professionals and feedback from interested individuals via emails and comments on the blog of the Lawyers Association, a second draft (titled "Second Version") that consolidated notable suggestions was released. Now, the third draft, with a few minor substantive and formal revisions, is presented for the consideration of the Iranian people.

This effort by the Iranian Lawyers Association is a duty that the children of this land and law graduates have taken upon themselves to provide a resource for the final drafting of the new Constitution of Iran by the true representatives of the great Iranian nation, both before and after the overthrow of the illegitimate government of the Islamic Republic. The current proposed draft has been meticulously and carefully prepared, relying on the principles of constitutional law and the review of the constitutions of approximately 130 other countries, which were available to us at the time. In our opinion, each concept, word, and phrase in this draft is relatively mature from a legal perspective and encompasses a significant portion of the fundamental human rights that have been gravely denied to the Iranian people over the past four decades. Contrary to what some circles claim, we believe that a large segment of the Iranian population knows well what they want as a replacement for the current Islamic regime.

We invite not only all respected Iranian lawyers, whose scope extends beyond the members of the Iranian Lawyers Association, but also all esteemed compatriots to carefully study this draft. Additionally, for friends who may have questions or considerations regarding the concepts, thoughts, and legal reasons underlying this draft, we request that they seek the help of enlightened lawyers around them. Furthermore, the public communication email of the Iranian Lawyers Association is always available to receive the opinions and questions of our esteemed compatriots at shahab_shabahang@hotmail.com.

We hope to prepare educational and explanatory clips or materials regarding each provision included in this draft soon. Meanwhile, we ask all supporters, if they wish, to distribute and disseminate this document by all available means. Each seemingly small step may lead to a significant transformation. In a mechanic's shop, it was written: "A peacock that has closed its feathers and is sitting aside is just another turkey."

Towards achieving fundamental human rights for all people of Iran, from east to west and from north to south of the country!

Iranian Lawyers' Association
January 2018
https://greenlawyers.wordpress.com

This page is intentionally left blank.

کانون حقوقدانان ایران

پیش به سوی قانون اساسی نوین ایران

شهاب شباهنگ
۱۴۰۳

کانون حقوقدانان ایران
پیش به سوی قانون اساسی نوین ایران
شابک: 978-1-0689235-0-0
شهاب شباهنگ

اجازه بازنشر و توزیع

توزیع نسخه‌های "چاپی" و "پی دی اف" این کتاب به صورت رایگان در داخل ایران مجاز می‌باشد. هر شخص حقیقی یا حقوقی مقیم ایران که مایل به تکثیر و فروش این کتاب به عموم در ایران است، می‌تواند این کار را انجام دهد به شرط آن که بهای فروش حداکثر در حد هزینه چاپ و توزیع باشد.

توزیع نسخه پی دی اف این کتاب در خارج از ایران به طور رایگان مجاز است. با این حال، از خوانندگان محترم خارج از کشور دعوت می شود تا در صورت تمایل نسبت به خرید نسخه‌های چاپی و الکترونیکی که در **سایت آمازون** در کشورهای ایالات متحده آمریکا، کانادا، انگلستان، آلمان، فرانسه، ایتالیا، اسپانیا، لهستان، هلند، و سوئد در دسترس است اقدام بفرمایند.

فهرست مطالب بخش پارسی:

ما تاریخ را نظاره نمی کنیم،
آن را می سازیم!

برای رقم زدن آینده ایران همگام شویم.

ILA

کانون حقوقدانان ایران

پیش گفتار کانون حقوقدانان ایران

نگارش حاضر نسخه چهارم پیش نویس پیشنهادی قانون اساسی نوین ایران است که با تلاش کانون حقوقدانان ایران تدوین و ارائه شده است. این نگارش حاوی بهسازی هایی است که عمدتاً برای تفکیک و روشن تر کردن گزینه های مربوط به ساختارهای حکومتی (پادشاهی و جمهوری ریاستی) در برخی از اصول، از جمله اصول مربوط به قوه مجریه، اعمال شده است. در بخش هائی که یک گزینه منحصراً به یکی از ساختار سیاسی مربوط باشد نام ساختار سیاسی مربوطه در انتهای هر گزینه در داخل پرانتز درج شده است. ضمناً نسخه ترجمه انگلیسی پیش نویس پیشنهادی و سایر مطالب مربوطه عیناً تهیه و در این کتاب درج شده است. برای استحضار از چگونگی تدوین پیش نویس پیشنهادی حاضر، لطفاً به پیش گفتارهای مربوط به نگارش های نخست تا سوم که به ترتیب قدیم به جدید در انتهای مجموعه حاضر آمده است مراجعه فرمائید.

پادشاهی، جمهوری یا ساختاری دیگر؟

انتخاب یکی از این دو ساختار حکومتی یا ساختارهای متنوع دیگری که در جهان کنونی وجود دارد، یا هر گونه نوآوری در این ساختارها جهت انطباق موازین حقوق اساسی با شرایط ویژه ایران بر عهده خرد جمعی مردم خواهد بود. این انتخاب می تواند بر اساس عواملی گوناگون همچون سابقه تاریخی، وضعیت سیاسی و اجتماعی فعلی، ترکیب جمعیتی، ساختارهای موجود اداری و امکانات واقعی تغییر و تصحیح آنها، امکانات مادی و معنوی از جمله اینرسی های سازمانی، و سایر عوامل صورت پذیرد. از دید کانون حقوقدانان ایران، این ساختارها همگی می توانند در عمل از سلامت و کارآئی لازم برخوردار باشند، یا برعکس می توانند به فساد و ناکارآمدی دچار شوند. از دید این کانون عوامل بسیار دیگری برای تضمین کارآمدی و سلامت یک ساختار سیاسی دخیل هستند که اهم آنها عبارتند از: آزادی بیان، آزادی رسانه ها، وجود قوانین اساسی و عادی خوب، و دستگاه قضائی مستقل و مبتنی بر انتخاب قضات به شرحی که در پیش نویس حاضر ارائه شده است.

ضرورت تهیه پیش نویس قانون اساسی از هم اکنون

تهیه پیش‌نویس قانون اساسی پیش از سرنگونی حکومت دیکتاتوری می‌تواند برای گروه‌های مخالف هم مزایا و هم معایبی داشته باشد، و تأثیر آن با توجه به شرایط خاص، اهداف و استراتژی‌های جنبش

ضدحکومت متفاوت است. در مورد شرایط خاص ایران، برخی از نکات اصلی در مورد مزایا و معایب احتمالی در زیر تقدیم می شود:

مزایا:

نشاندهنده آینده نگری: داشتن یک پیش‌نویس قانون اساسی مطلوب می‌تواند نشان دهد که جنبش مخالف تنها به کارزار سرنگونی رژیم حاکم متمرکز نیست، بلکه دیدگاه روشنی برای حکومت آینده کشور دارد. صرف نظر از واکنش های احتمالاً منفی معدود اشخاص "فعال منفعل" بنا به دلائل گوناگون شخصی و گروهی، ارائه یک پیش نویس قابل اتکاء می‌تواند به طور ویژه به مردمی که از بی برنامگی احتمالی نیروی جایگزین حکومت موجود نگران هستند، آمادگی این نیرو برای رهبری مؤثر و آینده نگر را نشان دهد و به رفع نگرانی ها و جلب حمایت عمومی کمک کند.

بسترسازی برای هماهنگی و حرکت به سمت یکپارچگی: تدوین پیش‌نویس قانون اساسی نیازمند بحث‌ها و همکاری درونی در گروه های مردم مخالف (و نه ضرورتاً جمع های سیاسی چند نفره) است که تا کنون توسط کانون حقوقدانان ایران دنبال شده است. این فرآیند می‌تواند با مشخص کردن نقاط اشتراک و افتراق، چارچوبی برای یکپارچگی را در بین جناح‌های مختلف تقویت کرده و بروز اختلافات و سردرگمی پس از سرنگونی حکومت را به حداقل برساند.

جلب توجه و حمایت بین‌المللی: پیش‌نویس قانون اساسی می‌تواند به عنوان ابزاری برای کسب تأیید و حمایت بین‌المللی به کار گرفته شود و به دولت‌ها و سازمان‌های خارجی تصویری از هدف‌ها و تعهد به حکومت دموکراتیک آینده را ارائه کند.

اعتماد بین المللی به عدم وقوع هرج و مرج: یکی از مهم ترین نگرانی های جامعه جهانی هراس از وقوع هرج و مرج در منطقه در اثر عدم مدیریت روند انتقال قدرت از حکومت دیکتاتوری به حکومت جدید است. علاوه بر نیاز به سازماندهی ها و اقدامات متعددی که در این زمینه لازم است، آماده سازی مجموعه ای از قوانین که لازم است به سرعت و ظرف چند روز جایگزین قوانین قبلی شوند اقدامی مهم و مورد توجه تحلیلگران سیاسی و امنیتی جامعه بین المللی است و می تواند به اطمینان خاطر از عدم وقوع پدیده ای که از آن به عنوان کشور متلاشی شده (failed state) نام برده می شود کمک شایانی کند. ناگفته نماند که اتحاد جمع های کوچک نیروهای مخالف که اقدامات عملی برای سازماندهی، آینده نگری و سایر ملاحظات را به دنبال نداشته باشد در تحلیل های سیاسی و به ویژه امنیتی جامعه جهانی چندان اهمیتی ندارد. آنچه که اهمیت دارد وجود یک

نیروی توانمند و برنامه ریز است که بتواند اعتماد عموم مردم را به خود جلب کند. جمع های کوچک و کم نور گروه های بی برنامه در برابر ظهور چنین نیروی آینده نگر و برنامه دار به سرعت کم فروغ و ناپدید خواهند شد.

تسهیل روند انتقال قدرت: یک قانون اساسی خوب می‌تواند با طرح‌ریزی چارچوب موضوعات کلیدی، حقوق و مسئولیت‌ها، انتقال قدرت را آسان‌تر کند و ابهام‌ها و خلاءهای احتمالی در قدرت را کاهش دهد. قطع نظر از گزینه های مربوط به ساختار حکومتی و اجرائی مندرج در پیش نویس تقدیم شده، تبیین و تعیین سایر موازین حقوق اساسی از هم اکنون، امکان تهیه پیش نویس سایر قوانین مهمی که نیاز به تغییر فوری پس از سرنگونی دارند (مانند قوانین جزائی، آیین دادرسی کیفری، قانون مدنی، آیین دادرسی مدنی، قانون دیوان عدالت اداری، قانون امور حسبی و غیره که بالغ بر بیست و هفت قانون است و فهرست آنها قبلاً توسط کانون حقوقدانان ایران تهیه و اعلام شده، و پیش نویس های مربوطه در دست تهیه است) را فراهم می کند.

معایب:

اختلافات داخلی: تدوین یک قانون اساسی مستلزم تصمیم‌گیری‌هایی قابل توجه درباره آینده سیاسی، اجتماعی و اقتصادی کشور است. در این خصوص، اختلاف نظرهائی در درون گروه های مخالف ممکن است پیش بیاید که می‌تواند منجر به درگیری‌ها و تضعیف حرکت کلی گردد. اما با توجه به این که در حال حاضر نیروهای سیاسی فراگیر هنوز به وجود نیامده اند و یا هنوز نتوانسته اند جایگاه شایسته خود را به عنوان یک نیروی جدی و قابل اتکاء در میان مردم ایران به دست آورند، بروز محتمل این اختلافات تصویری کهنه در بین عموم مردم است و به نظر می رسد اکثریت بزرگی از مردم از این دست بازی ها عبور کرده اند.

اتلاف منابع: تهیه یک قانون اساسی نیاز به زمان، تلاش و منابع دارد که می‌تواند به سازماندهی ها و فعالیت‌های مرتبط با سرنگونی دیکتاتوری اختصاص یابد. این مشکل تقریباً سالبه به انتفاء موضوع است چرا که کانون این تلاش را با بهره گیری از منابع خود انجام داده و نتیجه را برای بهره برداری، به هر طریقی که مردم یا گروه ها خود صلاح بدانند، تقدیم کرده است.

کانون حقوقدانان ایران
تیرماه ۱۴۰۳ برابر با ژوئیه ۲۰۲۴
https://greenlawyers.wordpress.com

متن پیش نویس پیشنهادی قانون اساسی نوین ایران

دیباچه

ملت ایران، برای تامین و تضمین حاکمیت ملت بر اساس خرد جمعی مردم ایران بر مبنای موازین حقوق بشر، رفع تمامی اشکال تبعیض، احترام به حقوق یکایک مردم ایران، و احترام به سایر ملل و برقراری و حفظ روابط صلح آمیز با جهان، قانون اساسی زیر را برای کشور ایران مورد تائید و تصویب قرار می دهد.

فصل اول – اصول کلی

مبحث اول: مبانی

اصل اول

نوع حکومت ایران {.................................} است که ملت ایران در همه پرسی روز _____ با اکثریت ____ درصدی از افراد واجد شرایط به آن رای مثبت داد. تغییر نوع حکومت تنها بر اساس همه پرسی طبق اصول آتی این قانون ممکن است.

گزینه یک: پادشاهی

گزینه دو: جمهوری ریاستی

گزینه سه: جمهوری پارلمانی

گزینه چهار: جمهوری اسلامی

گزینه پنج: جمهوری فدرال

توضیح:

- ساختار اصلی این پیش نویس پیشنهادی، بر اساس پادشاهی (از نوع دارای نخست وزیر معرفی شده از سوی مقام سلطنت و منتخب مجلس) و جمهوری ریاستی (از نوع دارای رئیس جمهور منتخب مردم، بدون در نظر گرفتن پست نخست وزیری) بنا شده است. گزینه های متناسب با دو نوع حکومت مورد اشاره، حسب مورد و به تفکیک در اصول مربوطه درج شده است.

- در هر دو ساختار حکومتی، اختیاراتی متعدد برای مقامات منطقه ای و محلی در سطح استان ها در نظر گرفته شده است. این مقامات اغلب با رای مستقیم مردم انتخاب می شوند.

- پیش نویس حاضر به سادگی قابل تبدیل به ساختار جمهوری پارلمانی (از نوع دارای رئیس جمهور منتخب مردم و نخست وزیر معرفی شده از سوی رئیس جمهور و منتخب مجلس شورای ملی) است. نوع حکومت در بسیاری موارد، مستلزم تغییر در اصول اساسی و مهم این پیش نویس نیست و عمدتاً در برخی ساختارها به ویژه قوه مجریه تاثیراتی دارد و تنها در برخی اصول، اعمال تغییراتی را ایجاب می کند.
- بدیهی است که نهایتاً تصمیم در مورد برگزیدن از میان گزینه های بالا، یا هر شکل و محتوای دیگر حکومت، بر عهده نمایندگان مردم در شورای تدوین قانون اساسی نوین ایران و رای مردم خواهد بود. نکته آخر این که ترتیب ساختارهای مندرج در بالا بر اساس آخرین برآوردهای کانون، در بهار سال ۱۴۰۳ در پنج استان کشور، از تعداد طرفداران این ساختارها بوده است و می تواند حسب تحولات آتی، تدبیری متفاوت را ایجاب کند.[۱]

اصل دوم

ایران، دارای حکومتی است بر پایه اصول زیر:

۱. حاکمیت ملت بر سرنوشت خویش بر اساس خرد جمعی جامعه و با بهره گیری از دستآوردهای دانش در جوامع بشری،
۲. تضمین آزادی، برابری و سایر حقوق اساسی بشر، از جمله حقوق مدنی، سیاسی، اقتصادی، اجتماعی و فرهنگی در کشور با توجه کامل به میثاق ها وکنوانسیون های بین المللی،
۳. تضمین حق حیات و امنیت شخصی، حفظ کرامت انسان ها، ومصونیت حیثیت، جان، مال، حقوق، مسکن، شغل وحریم خصوصی اشخاص از تعرض،
٤. نفی هرگونه رفتار یا کیفر ظالمانه، غیرانسانی یا تحقیرآمیز، و حق دسترسی همه به دادرسی عادلانه،
٥. تضمین برخورداری غیرتبعیض آمیز همه جنسیت ها از همه حقوق انسانی، سیاسی، اقتصادی، اجتماعی و فرهنگی، و تعیین وظایف برای آنان بر اساس عدالت،
٦. تضمین حق برخورداری کودکان، مادران، سالمندان، بیماران و نیازمندان از حمایت ویژه،
۷. رعایت و تضمین تفکیک و استقلال کامل قوا، با رعایت اصل حاکمیت رای مردم،
۸. تضمین مشارکت تمام مردم در تعیین سرنوشت سیاسی، اقتصادی، اجتماعی و فرهنگی خویش، و اداره امور کشور با اتکاء به آرا عمومی از راه انتخابات مستقیم و بلاواسطه توسط مردم،

---

۱. توضیح مندرج در پرانتزهای مربوط به نوع حکومت از این جهت اضافه شده است که عناوین جمهوری ریاستی، جمهوری پارلمانی، پادشاهی و غیره در رشته حقوق اساسی عناوینی کلی هستند و هر یک از آنها مجموعه ای از اشکال حکومتی را در بر می گیرد که تحت این عناوین کلی دسته بندی می شوند.

۹. برخورداری کلیه گروه ها، آئین ها و اقوام و عشایر اقصی نقاط میهن از حقوق مساوی،

۱۰. تحقق حق برخورداری آحاد جامعه از تندرستی و بهداشت، و رفاه مطلوب و شایسته انسان از جمله خوراک، پوشاک، مسکن، خدمات اجتماعی، و تحصیل رایگان،

۱۱. کوشش و حمایت همگانی و پیوسته برای پیشرفت در علوم، فنون، فرهنگ و هنر،

۱۲. تضمین استقلال و امنیت اقتصادی و سیاسی کشور، ضمن داشتن تعامل با سایر کشورها،

۱۳. احترام به سایر ملل و برقراری روابط صلح آمیز با کشورهای جهان،

۱۴. همکاری با نهادهای بین المللی جهت استقرار و توسعه حقوق بشر، صلح و بهبود شرایط زیستی در جهان.

اصل سوم

آزادی و استقلال و وحدت و تمامیت ارضی کشور از یکدیگر تفکیک ناپذیرند و حفظ آنها وظیفه دولت و آحاد ملت است. هیچ فرد، گروه یا مقامی حق ندارد به نام استفاده از آزادی به استقلال سیاسی، فرهنگی، اقتصادی و نظامی و تمامیت ارضی ایران کمترین خدشه ای وارد کند و هیچ مقامی حق ندارد به نام حفظ استقلال و تمامیت ارضی کشور آزادیها و حقوق اساسی مردم را، هر چند با وضع قوانین و مقررات ، سلب کند.

اصل چهارم

امور کشور باید به اتکا آرا عمومی اداره شود که این امر از راه (الف) انتخابات مستقیم توسط عموم مردم، (ب) انتخابات مستقیم محلی مانند انتخاب نمایندگان مجلس شورای ملی، استانداران، فرمانداران، شهرداران و سایر موارد مندرج در قوانین، حسب مورد به وسیله مردم هر استان، شهر، بخش یا سایر تقسیمات کشوری، (ج) انتخاب توسط قشر یا صنفی خاص از مردم مانند انتخاب قضات دادگاه قانون اساسی یا دیوان عالی کشور و امثال آن، و یا از راه (د) همه پرسی در مواردی که در اصول دیگر این قانون معین می گردد صورت می پذیرد.

مبحث دوم: زبان ، خط، تاریخ و پرچم رسمی کشور

اصل پنجم

زبان و خط رسمی و مشترک مردم ایران فارسی است. اسناد و مکاتبات و متون رسمی و کتب درسی باید با این زبان و خط باشد. استفاده از سایر زبان ها و گویش ها در مطبوعات و رسانه های گروهی

و تدریس ادبیات آنها در مدارس، در کنار زبان فارسی آزاد است و تصمیم گیری در مورد این استفاده، با رای عموم مردم هر استان است. هر گونه تغییر در این اصل تنها با همه پرسی عمومی در سطح کشور وفق موازین این قانون و سایر قوانین امکان پذیر است.

اصل ششم

تقویم رسمی کشور، تقویم ایرانی {.................................} است.

گزینه یک: شاهنشاهی با مبداء ـــــــ

گزینه دو: خورشیدی جلالی

گزینه سه: هجری خورشیدی و قمری

اصل هفتم

پرچم رسمی ایران دارای سه نوار با عرض مساوی به ترتیب از بالا به پائین به رنگهای سبز، سفید و سرخ {.................................} در مرکز پرچم است .

گزینه یک: با نشان شیروخورشید بدون شمشیر و تاج

گزینه دو: با نشان شیروخورشید با شمشیر و تاج

گزینه سه: با نام ایران به خط نستعلیق

گزینه چهار: بدون هیچ نشان بر روی آن

گزینه پنجم: با نشان فروهر

توضیح: موارد فوق صرفاً بر اساس برداشت هائی در خصوص ترجیحات عموم درج شده اند و ترتیب آنها به دلیل در دست نداشتن آمار قابل اتکاء، نشان دهنده اولویت یا ترجیح مبتنی بر مستندات نیست.

فصل دوم - حقوق اساسی ملت

اصل هشتم

مردم ایران از هر گروه، آئین، قوم و قبیله که باشند از حقوق مساوی و حق مشارکت مستقیم در اداره امور کل کشور و امور منطقه خویش برخوردارند و اعتقادات، رنگ، نژاد، زبان، جنسیت و مانند اینها سبب امتیاز نخواهد بود.

اصل نهم

همه افراد ملت صرف نظر از جنسیت آنها به طور یکسان در حمایت قانون قرار دارند و به طور غیرتبعیض آمیز از همه حقوق انسانی، سیاسی، اقتصادی، اجتماعی و فرهنگی برخوردارند. در تدوین قوانین باید تا حداکثر ممکن حمایت ویژه از کودکان، مادران، سالمندان، بیماران و نیازمندان را منظور داشت.

اصل دهم

حقوق اساسی مانند آزادی بیان، حق امنیت شخصی، حریم و شیوه خصوصی زندگی اشخاص، حق دسترسی به دادرسی عادلانه و مانند اینها را نمی توان از هیچیک از افراد یا اقلیت ها به استناد نظر اکثریت ولو با وضع قانون مورد تعرض قرارداد.

اصل یازدهم

قوه مقننه، قضائیه و مجریه موظفند سریعاً نسبت به اصلاح کلیه قوانین مغایر با حقوق بشر اقدام لازم را به عمل آورند و در تدوین وتصویب قوانین و مقررات به طور مداوم به حقوق بشر توجه کامل نمایند. با توجه به ستم مضاعف تاریخی به زنان، زدودن تمامی اشکال تبعیض نسبت به زنان، از جمله در حقوق مدنی در زمینه ازدواج وطلاق، ارث، مسائل تابعیت، و مانند آن، و در حقوق کیفری در زمینه مجازات ها، شهادت، و مانند آن، از اولویت ویژه برخوردار است.

اصل دوازدهم

حیثیت، جان، مال، حقوق، مسکن، شغل و حریم خصوصی اشخاص از تعرض مصون است. قرارها و احکام قطعی دادسراها و دادگاهها که وفق قوانین صادر شده باشد مشمول این اصل نمی شوند.

اصل سیزدهم

تفتیش عقاید ممنوع است و هیچ کس را نمی توان به دلیل داشتن، ابراز و تبلیغ عقیده ای مورد مواخذه، تعرض یا مجازات قرار داد.

اصل چهاردهم

اعتقادات مذهبی و غیر مذهبی همه افراد امری شخصی، محترم، مصون و جدای از سیاست رسمی کشور است. همه در داشتن اعتقادات مذهبی و غیرمذهبی و انجام مراسم اعتقادی خود، بدون توهین به دیگر اشخاص با زیر پا گذاشتن حقوق آنان، آزادند. انتخاب یا تغییر اعتقادات مذهبی و

غیر مذهبی امری شخصی و آزاد است. اجرای هیچ فعل یا ترک فعل مبتنی بر اعتقادات مذهبی یا غیر مذهبی را، جه در خفا و چه در انظار، نمی توان به هیچکس حتی صغار تحمیل کرد. تخصیص یا استفاده از بودجه و اموال عمومی برای تاسیس هر نوع اماکن یا موسسات، یا نظام آموزشی کشور، برای تبلیغ یا آموزش اعتقادات مذهبی و ضد مذهبی ممنوع است. احوال شخصیه (ازدواج، طلاق، ارث و وصیت) ادیان و مذاهب، تا جائیکه بنا به تشخیص دادگاه ها مخالف قوانین موضوعه کشور، حقوق بشر، نظم عمومی و اخلاق حسنه در معنای حقوقی آن نباشد، و دعاوی مربوط به این احوال در دادگاهها، رسمیت دارند.

اصل پانزدهم

داشتن یا نداشتن حجاب یا سایر نشانه های مذهبی و غیرآن آزاد است.

اصل شانزدهم

جرم سیاسی وجود ندارد. هر کس در حین انجام فعالیت سیاسی نسبت به اشخاص حقیقی و یا حقوقی مرتکب جرمی مانند افتراء شود و یا حقوق آنان را زیر پا بگذارد، طبق قانون حسب مورد مجازات یا موظف به جبران خسارات وارده به شخص مربوطه خواهد شد.

اصل هفدهم

با ذکر شناسنامه ناشر، چاپ کتاب نیاز به مجوز ندارد. راه اندازی نشریات، مطبوعات، رادیو، تلویزیون و سایر رسانه های گروهی آزاد است. نهاد یا وزارتخانه متولی در دولت موظف است وفق قوانین مصوب مجلس شورای ملی نسبت به ثبت این رسانه ها اقدام نمایند. این انتشارات و رسانه ها در بیان مطالب در صورت رعایت حقوق اشخاص آزاد هستند. تفصیل این اصل را قانون تعیین می کند.

اصل هجدهم

بازرسی و نرساندن نامه ها، ضبط و فاش کردن مکالمات تلفنی، تجسس و افشای هر نوع مخابرات و پیام اعم از معمولی یا الکترونیکی، سانسور، عدم مخابره و نرساندن آنها، استراق سمع و هرگونه تجسس ممنوع و مستوجب کیفر است مگر به حکم قانون و با نظارت و حکم قاضی صالح.

اصل نوزدهم

تشکیل سازمان ها و نهاد های غیردولتی، احزاب، جمعیت ها، انجمن ها و اتحادیه های سیاسی و

صنفی آزاد است. هیچ کس را نمی توان از شرکت در آنها منع کرد یا به شرکت در یکی از آنها مجبور ساخت. وزارت کشور و وزارت کار موظفند وفق قوانین مصوب مجلس شورای ملی نسبت به ثبت و همکاری با این تشکل ها اقدام نمایند.

اصل بیستم

تشکیل اجتماعات و راه پیمایی ها، بدون حمل سلاح، آزاد و حق افراد است. زمان و مکان اجتماعات و راهپیمائی ها باید حداقل ۷۲ ساعت کاری قبل از انجام به وزارت کشور (یعنی در مراکز استان ها به استانداری، در شهرستان ها به فرمانداری و در سایر واحدهای تقسیم کشوری به بخشداری) اطلاع داده شود تا تدارک لازم جهت حفظ امنیت شرکت کنندگان و سایرین صورت گیرد. وزارت کشور حداکثر ظرف ٤٨ ساعت (دو روز کاری) از زمان وصول تقاضا موظف به صدور مجوز یا اعلام صریح دلایل عدم صدور آن در زمان یا مکان مورد تقاضا، و پیشنهاد نزدیکترین زمان و مکان جایگزین خواهد بود. متقاضی در صورت اعتراض، حق شکایت از تصمیم وزارت کشور را وفق قوانین مربوطه خواهد داشت. رسیدگی به این شکایت ظرف حداکثر ده روز از زمان وصول آن توسط محاکم صالح که قانون تعیین می کند به عمل خواهد آمد.

اصل بیست و یکم

اعتصاب یکی از ابزارهای احقاق حق است. شرایط آن را قانون تعیین می کند.

اصل بیست و دوم

هر کس حق دارد شغلی را که بدان مایل است و مخالف قوانین، نظم عمومی، اخلاق حسنه و حقوق دیگران نیست برگزیند. دولت موظف است با رعایت نیاز جامعه به مشاغل گوناگون برای همه افراد امکان اشتغال به کار و شرایط مساوی را برای احراز مشاغل ایجاد نماید. هرگونه گزینش افراد برای مشاغل بر اساس اعتقادات فکری آنان ممنوع است و تخلف از آن جنبه کیفری خواهد داشت.

اصل بیست و سوم

برخورداری از تامین اجتماعی در هنگام بازنشستگی، بیکاری، پیری، ازکارافتادگی، بی سرپرستی، معلولیت، حوادث و سوانح و نیاز به خدمات بهداشتی و درمانی و مراقبتهای پزشکی به صورت بیمه حقی است همگانی. دولت مکلف است طبق قوانین از محل درآمدهای عمومی و درآمدهای حاصل از مشارکت مردم، خدمات و حمایتهای مالی فوق را برای همه ایرانیان تامین کند. در هر حال پوشش قابل قبول بیمه درمانی رایگان و حداقل مستمری، که میزان آن را در هر مورد قانون تعیین خواهد

کرد، برای هر فرد ایرانی زیر ۱۸ سال و افراد بالای ٦۵ سال، صرف نظر از داشتن یا نداشتن سنوات شغلی، بر عهده دولت است. قوه مقننه و مجریه موظفند با توجه به منابع مالی و سایر امکانات، نسبت به گسترش پوشش بیمه درمانی و پائین آوردن تدریجی سن مشمول خدمات درمانی رایگان و حداقل مستمری تلاش کنند.

اصل بیست و چهارم

دولت موظف است وسائل آموزش و پرورش رایگان را برای همه ملت تا پایان سطح کاردانی، با رعایت استانداردهای مطلوب آموزشی فراهم سازد و، وسائل تحصیلات بالاتر از آن را تا حداکثر ممکن، به طور رایگان گسترش دهد. این اصل مانع در نظر گرفتن سازوکارهای تشویقی و حمایتی از بخش خصوصی برای ایجاد مراکز آموزشی و پژوهشی نیست.

اصل بیست و پنجم

داشتن مسکن متناسب با نیاز، حق هر فرد و خانواده ایرانی است. دولت موظف است با رعایت اولویت برای آنها که نیازمندترند، در حد توان زمینه اجرای این اصل را فراهم کند.

اصل بیست وششم

اصل برائت است و هیچ کس از نظر قانون مجرم شناخته نمی شود، مگر اینکه جرم او در دادگاه صالح ثابت گردد. هیچ عملی جرم نیست مگر در قوانین کیفری به آن تصریح شده باشد. مجازات های تعیین شده در قوانین در صورتی قابل اجراء خواهند بود که پس از تصویب قانونی توسط مجلس شورای ملی، به ترتیبی که قانون تعیین خواهد کرد، در مجموعه ای شامل قوانین کیفری درج شده و در اختیار عموم در سراسر کشور قرار گرفته باشد. تعیین جرائم در صلاحیت انحصاری مجلس شورای ملی است که بدون پیش فرض های سنتی، تنها بر اساس مطالعه ضرورت های جامعه و دستآوردهای علمی در مورد کلیه جنبه های فردی و اجتماعی انسانها، و با رعایت اصول حقوق بشر، و با رویکرد جرم زدائی، صورت می پذیرد.

اصل بیست و هفتم

هیچکس را نمی توان دستگیر کرد مگر به حکم و ترتیبی که قانون معین می کند. در صورت بازداشت ، موضوع اتهام باید با ذکر دلایل بلافاصله کتباً به متهم ابلاغ و تفهیم شود و حداکثر ظرف مدت بیست و چهار ساعت پرونده مقدماتی به مراجع صالحه قضایی ارسال و مقدمات محاکمه، حداکثر ظرف یک ماه فراهم گردد. در صورت محکومیت متهم، مدت بازداشت موقت از مدت

محکومیت وی کسر خواهد شد. متخلف از این اصل علاوه بر انفصال دائم از کلیه خدمات دولتی و نهادهای عمومی که شمول قانون مستلزم ذکر نام آنان است، به سایر مجازاتهای مندرج در قانون نیز محکوم می شود.

اصل بیست و هشتم

دادخواهی حق مسلم هر فرد است و هر کس می تواند به منظور دادخواهی به دادگاههای صالح رجوع نماید. همه افراد ملت حق دارند این گونه دادگاهها را در دسترس داشته باشند و هیچ کس را نمی توان از رجوع به دادگاهی که به موجب قانون حق مراجعه به آن را دارد منع کرد.

اصل بیست و نهم

در همه رسیدگی های کیفری طرفین دعوی حق دارند برای خود وکیل انتخاب نمایند و اگر توانایی مالی یا غیرمالی برای انتخاب وکیل را نداشته باشند باید برای آنها امکانات تعیین وکیل فراهم گردد.

اصل سی ام

حکم به مجازات و اجرای آن باید تنها از طریق دادگاه صالح و به موجب قانون باشد.

اصل سی و یکم

اعدام به هر صورت و تحت هر شرایط و به هر شکل اعم از تیرباران، حلق آویز کردن، سنگسار، و دیگر اشکال متصور، کلاً ممنوع است. حبس انفرادی بیش از ۷۲ ساعت، بیش از چهار بار در سال، و هر گونه شکنجه و آزار جسمی یا روحی به هر دلیل از جمله برای گرفتن اقرار و یا کسب اطلاعات ممنوع است. اجبار شخص به شهادت، اقرار یا سوگند مجاز نیست و چنین شهادت و اقرار و سوگندی فاقد ارزش و اعتبار است . متخلف از این اصل، ضمن انفصال دائم از خدمات دولتی و نهادهای عمومی که شمول قانون مستلزم ذکر نام آنان است، به سایر مجازات های مندرج در قانون نیز محکوم می شود و موظف به جبران خسارات مادی و معنوی وارده خواهد بود.

اصل سی و دوم

هتک حرمت و حیثیت کسی که به حکم قانون دستگیر، بازداشت ، زندانی یا تبعید شده به هر صورت که باشد ممنوع و موجب مجازات است. متخلف از این اصل، ضمن انفصال دائم از خدمات دولتی و نهادهای عمومی که شمول قانون مستلزم ذکر نام آنان است، به سایر مجازات های مندرج در قانون نیز محکوم می شود و موظف به جبران خسارات مادی و معنوی وارده خواهد بود.

اصل سی و سوم

مکان و امکانات زندان های کشور باید در اداره مربوطه در قوه قضائیه به ثبت رسیده و فهرست آن در اختیار قوه مقننه قرار داده شود و از طریق روزنامه رسمی به اطلاع عموم برسد. درب کلیه زندانها باید به طور شبانه روزی و در تمام روزهای سال به روی بازرسان ویژه سه قوه و نمایندگان مجلس شورای ملی، مجتمعاً یا منفرداً، و نیز نمایندگان ارگان های رسمی حقوق بشری سازمان ملل متحد باز باشد. متخلف از این اصل، ضمن انفصال دائم از خدمات دولتی و نهادهای عمومی که شمول قانون مستلزم ذکر نام آنان است، به سایر مجازات های مندرج در قانون نیز محکوم می شود.

اصل سی و چهارم

هیچ کس را نمی توان از محل اقامت خود تبعید کرد یا از اقامت در محل مورد علاقه اش ممنوع یا به اقامت در محلی مجبور ساخت، مگر در مواردی که قانون مقرر می دارد.

اصل سی و پنجم

هیچ کس نمی تواند اعمال حق خویش را وسیله اضرار به غیر یا تجاوز به منافع عمومی قرار دهد.

اصل سی وششم

تابعیت کشور ایران حق مسلم هر فرد ایرانی است و دولت نمی تواند از هیچ ایرانی سلب تابعیت کند، مگر به درخواست خود او.

اصل سی و هفتم

اتباع خارجه می توانند با رعایت تساوی کامل برای جنسیت ها در حدود قوانین به تابعیت ایران درآیند و سلب تابعیت این گونه اشخاص در صورتی ممکن است که دولت دیگری تابعیت آنها را به پذیرد یا خود آنها درخواست کنند یا به تشخیص دادگاه صالح اقدامی علیه تمامیت ارضی یا امنیت ملی کشور انجام داده یا جنایتی علیه اشخاص مرتکب شده باشند.

فصل سوم - اقتصاد و امور مالی

اصل سی وهشتم

ساختار اقتصاد کشور بر پایه سه بخش دولتی، خصوصی و تعاونی استوار است.

{...} دولت موظف است با شفاف سازی و تدوین قوانین و تسهیل

مقررات زمینه فعالیت بخش های خصوصی و تعاونی را هر چه بیشتر فراهم آورد. حدود و ضوابط مربوطه را قانون معین می کند.

گزینه یک: دولت حق انحصار فعالیتهای اقتصادی برای خود را ندارد مگر در مواردی که به تامین نیازهای ضروری و حقوق اساسی جامعه یا امنیت ملی کشور مربوط است.

گزینه دو: دولت حق انحصار فعالیتهای اقتصادی برای خود را ندارد.

اصل سی ونهم

اموال و ثروتهای عمومی از قبیل زمینهای موات یا رهاشده ، معادن ، دریاها، دریاچه ها، رودخانه ها و سایر آبهای عمومی، کوهها، دره ها، جنگلها، نیزارها، بیشه های طبیعی، مراتعی که حریم نیست، ارث بدون وارث، اموال مجهول المالک و اموال عمومی که از غاصبین مسترد می شود، در اختیار دولت است تا بر طبق مصالح عامه و حسب مورد با رعایت قوانین و مصوبات مجلس شورای ملی نسبت به آنها عمل نماید. تفصیل و ترتیب استفاده از هر یک را قانون معین می کند.

اصل چهلم

مالکیت شخصی که از راه قانونی باشد محترم است. هر کس مالک حاصل کسب و کار قانونی خویش است و هیچ کس نمی تواند به عنوان مالکیت نسبت به کسب و کار خود امکان کسب و کار را از دیگری سلب کند یا حقوق اساسی و انسانی وی را مورد تعدی قرار دهد. تفصیل آن را قانون معین می کند.

اصل چهل و یکم

دسترسی آزادانه به اطلاعات به طور اعم، به ویژه در مورد عملکرد سه قوه مجریه، مقننه و قضائیه و کلیه نهادها و موسسات عمومی، حق مردم است. مواردی از اطلاعات و اسناد که افشای آنها تا دوره ای معین ممکن است بر خلاف مصالح ملی باشد، به وسیله قانون مصوب مجلس شورای ملی تعیین می شود. قوای مذکور و نهادها و موسسات عمومی موظفند سازوکار مناسب برای بایگانی معمولی و الکترونیکی جهت نگهداری اسناد و مدارک به گونه ای که امکان امحاء یا دستکاری آنها وجود نداشته باشد را ایجاد کنند.

اصل چهل و دوم

در بهره برداری از منابع طبیعی با رعایت موازین علمی و زیست محیطی مبتنی بر توسعه پایدار، و

استفاده از درآمدهای ملی در سطح استان ها و توزیع فعالیتهای اقتصادی میان استان ها و مناطق مختلف کشور، نباید تبعیض در کار باشد. به طوری که هر منطقه فراخور نیازها و استعداد رشد خود، سرمایه و امکانات لازم در دسترس داشته باشد.

اصل چهل و سوم

دولت موظف است ثروتهای ناشی از غصب، رشوه، اختلاس، سرقت، سوء استفاده از موقوفات، سوء استفاده از مقاطعه کاری ها و معاملات دولتی و نهادهای عمومی و شرکت هائی که دولت و یا نهادهای عمومی در آنها سهم دارند، فروش زمینهای موات و مباحات اصلی، دائر کردن اماکن فساد و سایر موارد غیر قانونی را گرفته و به صاحب حق رد کند و در صورت معلوم نبودن صاحب حق، به خزانه دولت واریز نماید. این حکم باید با رسیدگی و تحقیق و ثبوت در دادگاه صالح به وسیله دولت اجراء شود. در مواردی که موضوع به نحوی مربوط به دولت یا نهادهای عمومی و شرکت هائی که دولت و یا نهادهای عمومی در آنها سهم دارند می شود، هر شخص ایرانی می تواند مراتب را به قوه قضائیه اعلام کند یا خود راساً به طرح شکایت در دادگستری بپردازد. در صورت اخیر، این شخص در صورت اخذ رای قطعی در دادگاه صالح دال بر اثبات مدعا، مستحق دریافت حق الزحمه بر اساس تعرفه وکلاء، از محل وجوه اخذ شده طی اجرای حکم، خواهد بود.

اصل چهل و چهارم

حفاظت محیط زیست که نسل امروز و نسلهای بعد باید در آن حیات اجتماعی رو به رشدی داشته باشند، و نیز حفظ و نگهداری میراث فرهنگی و تاریخی کشور، وظیفه عمومی تلقی می شود. از این رو فعالیتهای اقتصادی و غیر آن که با آلودگی یا تخریب غیر قابل جبران محیط زیست ملازمه پیدا کند یا موجب آسیب یا تخریب میراث فرهنگی و تاریخی شود، ممنوع است. همچنین دولت موظف به ایجاد سازوکارهای مناسب برای تامین مالی حفظ و نگهداری محیط زیست و میراث فرهنگی و تاریخی، به ترتیب از طریق درآمد زائی خودگردان آنها، در نظر گرفتن تسهیلات مالیاتی و مانند آن، و در صورت نیاز تصویب بودجه عمومی خواهد بود. تفصیل این اصل و مسئولیت های مدنی و کیفری ناشی از تخلف از آن را قانون تعیین می کند.

اصل چهل و پنجم

هیچ نوع مالیات، عوارض و امثال آن وضع نمی شود مگر به موجب قانون. موارد معافیت و بخشودگی و تخفیف مالیاتی به موجب قانون مشخص می شود.

اصل چهل و ششم

بودجه سالانه کل کشور به ترتیبی که در قانون مقرر می شود از طرف دولت تهیه و برای رسیدگی و تصویب به مجلس شورای ملی تسلیم می شود. هر گونه تغییر در ارقام بودجه نیز تابع مراتب مقرر در قانون خواهد بود.

اصل چهل و هفتم

کلیه دریافتهای دولت در حسابهای خزانه داری کل متمرکز می شود و همه پرداختها در حدود اعتبارات مصوب به موجب قانون انجام می گیرد.

اصل چهل و هشتم

دیوان محاسبات کشور مستقیماً زیر نظر مجلس شورای ملی است. سازمان و اداره امور آن در پایتخت و مراکز استانها به موجب قانون تعیین خواهد شد.

اصل چهل و نهم

دیوان محاسبات به کلیه حسابهای وزارتخانه ها، موسسات، شرکتهای دولتی و سایر دستگاههایی که به نحوی از انحا از بودجه کل کشور استفاده می کنند، به ترتیبی که قانون مقرر می دارد رسیدگی یا حسابرسی می نماید تا هیچ هزینه ای از اعتبارات مصوب تجاوز نکرده و هر وجهی در محل خود به مصرف رسیده باشد. دیوان محاسبات ، حسابها و اسناد و مدارک مربوطه را برابر قانون جمع آوری و گزارش تفریغ بودجه هر سال را به انضمام نظرات خود به مجلس شورای ملی تسلیم می نماید. این گزارش باید در دسترس عموم گذاشته شود.

فصل چهارم - حق حاکمیت ملت و قوای ناشی از آن

اصل پنجاهم

ملت حاکم بر سرنوشت اجتماعی خویش است. هیچکس نمی تواند این حق را از ملت سلب کند یا در خدمت منافع فرد یا گروهی خاص قرار دهد.

اصل پنجاه و یکم

قوای حاکم در ایران عبارت هستند از: قوه مقننه ، قوه مجریه و قوه قضائیه که بطور مستقل از یکدیگر هستند. اعمال قوای سه گانه بر طبق اصول آینده این قانون مورد نظارت قرار می گیرد.

اصل پنجاه و دوم

اعمال قوه مقننه از طریق مجلس شورای ملی است که از نمایندگان منتخب مردم تشکیل می شود و مصوبات آن پس از طی مراحلی که در اصول بعد می آید برای اجراء به قوه مجریه و قضائیه ابلاغ می گردد.

اصل پنجاه و سوم

در مسائل اقتصادی، سیاسی، اجتماعی و فرهنگی ممکن است اعمال قوه مقننه از راه همه پرسی و مراجعه مستقیم به آرا مردم صورت گیرد. مراجعه به آرا عمومی، به درخواست سه چهارم اعضای هیئت دولت یا نیمی از نمایندگان مجلس شورای ملی یا یک چهلم جمعیت کل واجدین شرایط رای دادن، در دستور کار مجلس قرار می گیرد و باید مآلاً به تصویب دو سوم مجموع نمایندگان مجلس برسد.

اصل پنجاه وچهارم

گزینه یک: اعمال قوه مجریه از طریق مقام سلطنت (پادشاه یا ملکه، حسب مورد)، نخست وزیر و وزراء است. (پادشاهی)

گزینه دو: اعمال قوه مجریه از طریق رئیس جمهور و وزرا است. (جمهوری ریاستی)

اصل پنجاه و پنجم

اعمال قوه قضائیه به وسیله دادگاههای دادگستری است که باید طبق قانون تشکیل شود و به حل و فصل دعاوی و حفظ حقوق عمومی و گسترش و اجرای عدالت بپردازد.

فصل پنجم - قوه مقننه

مبحث اول - مجلس شورای ملی

اصل پنجاه و ششم

مجلس شورای ملی از نمایندگان ملت که به طور مستقیم و با رای مخفی انتخاب می شوند تشکیل می شود. شرایط انتخاب کنندگان، دارا بودن تابعیت ایرانی {، حداقل مدرک پایان تحصیلات دوره ابتدائی} و حداقل ۱۸ سال سن است. شرایط انتخاب شوندگان، دارا بودن تابعیت ایرانی، حداقل ۲۵ سال سن {، مدرک کارشناسی،} و نداشتن پیشینه کیفری در جرائم جنائی، جنحه یا مالی یا سایر

جرائمی که قانون انتخابات تعیین می کند، است. کیفیت انتخابات برای تضمین اعمال نظر مستقیم مردم و شرایط لازم و کافی برای تضمین سلامت انتخابات را قانون معین خواهد کرد.

گزینه یک: نگه داشتن عبارات داخل براکت ها در متن این اصل

گزینه دو: حذف عبارات داخل براکت ها در متن این اصل

اصل پنجاه و هفتم

دوره نمایندگی مجلس شورای ملی چهار سال است. انتخابات هر دوره باید پیش از پایان دوره قبل برگزار شود به طوری که کشور در هیچ زمان بدون مجلس نباشد.

اصل پنجاه و هشتم

عده نمایندگان مجلس شورای ملی به طور متوسط یک نفر در ازای هر دویست هزار نفر ایرانی است. از تاریخ نخستین همه پرسی این قانون، هر ده سال یکبار و بر اساس جمعیت جدید کشور، افزایش تعداد نمایندگان با تصویب اکثریت مطلق (یعنی نصف به علاوه یک نفر) از کل نمایندگان مجلس شورای ملی صورت می پذیرد. محدوده حوزه های انتخابیه را قانون معین می کند.

اصل پنجاه و نهم

پس از برگزاری انتخابات، جلسات مجلس شورای ملی با حضور دو سوم مجموع نمایندگان رسمیت می یابد و تصویب طرحها و لوایح طبق آیین نامه مصوب داخلی انجام می گیرد مگر در مواردی که در قانون اساسی نصاب خاصی تعیین شده باشد. برای تصویب آیین نامه داخلی موافقت اکثریت نسبی (یعنی کسب بیشترین آراء ولو بدون اکثریت مطلق) نمایندگان مجلس لازم است.

اصل شصت ام

ترتیب انتخاب رئیس و هیئت رئیسه مجلس و دوره تصدی آنها، تعداد کمیسیونها، و امور مربوط به مذاکرات و انتظامات مجلس به وسیله آیین نامه داخلی مجلس معین می گردد.

اصل شصت و یکم

نمایندگان باید در نخستین جلسه مجلس به ترتیب زیر سوگند یاد کنند و متن سوگندنامه را امضا نمایند:

"من در برابر ملت ایران سوگند یاد می کنم و با تکیه بر شرف انسانی خویش تعهد می نمایم که نگهبان ایران، منافع ملی و حقوق ملت باشم. در انجام وظایف وکالت ، امانت را رعایت نمایم و

همواره به استقلال و اعتلای کشور و خدمت به مردم پایبند باشم. از قانون اساسی دفاع کنم و در گفته ها و نوشته ها و اظهار نظرها، استقلال کشور و آزادی مردم و تامین مصالح آنها را در مد نظر داشته باشم."

نمایندگانی که در جلسه نخست شرکت ندارند باید در اولین جلسه ای که حضور پیدا می کنند مراسم سوگند را بجای آورند. نمایندگان در صورت تمایل می توانند با گذاشتن دست بر کتاب مقدس دین خود تحلیف را انجام دهند.

اصل شصت و دوم

در زمان جنگ و اشغال نظامی کشور، به پیشنهاد {...........................} و تصویب سه چهارم مجموع نمایندگان، انتخابات نقاط اشغال شده یا تمامی مملکت برای مدتی معین متوقف می شود و در صورت عدم تشکیل مجلس جدید، مجلس سابق همچنان به کار خود ادامه خواهد داد. این توقف باید در اولین فرصت و حداکثر در پایان زمان اشغال رفع شود. رسیدگی به تخلف از این اصل در صلاحیت دادگاه قانون اساسی است.

گزینه یک: مقام سلطنت   (پادشاهی)

گزینه دو: رئیس جمهور   (جمهوری ریاستی)

اصل شصت و سوم

مذاکرات مجلس شورای ملی باید علنی باشد و گزارش کامل آن از طریق صدا وسیمای ملی و یک ویژه نامه روزنامه رسمی برای اطلاع عموم منتشر شود. در شرایط اضطراری، در صورتی که رعایت امنیت کشور ایجاب کند، به تقاضای {...........................} یا یکی از وزرا یا ده نفر از نمایندگان، جلسه غیرعلنی تشکیل می شود. مصوبات جلسات غیرعلنی در صورتی معتبر است که به تصویب دو سوم مجموع نمایندگان برسد. گزارشات و مصوبات این جلسات باید پس از برطرف شدن شرایط اضطراری به تشخیص و رای اکثریت مطلق کل نمایندگان مجلس شورای ملی، برای اطلاع عموم منتشر گردد.

گزینه یک: مقام سلطنت یا نخست وزیر   (پادشاهی)

گزینه دو:... رئیس جمهور   (جمهوری ریاستی)

اصل شصت و چهارم

{...........................} به اجتماع یا به انفراد حق شرکت

در جلسات علنی مجلس را دارند و می توانند مشاوران خود را همراه داشته باشند و در صورتی که نمایندگان لازم بدانند، وزرا مکلف به حضور هستند و هر گاه نمایندگان تقاضا کنند مطالب وزرا استماع می شود.

گزینه یک: مقام سلطنت، نخست وزیر، معاونان آنان و وزیران   (پادشاهی)

گزینه دو: رئیس جمهور، معاونان وی و وزیران   (جمهوری ریاستی)

مبحث دوم - اختیارات و صلاحیت مجلس شورای ملی

اصل شصت و پنجم

مجلس شورای ملی در عموم مسائل در حدود مقرر در قانون اساسی می تواند قانون وضع کند. اعلام طرح ها و لوایح به وزارتخانه ها و دستگاه های دولتی ذیربط قبل از بررسی در مجلس و نیز حضور نمایندگان آنها جهت اظهار نظر مشورتی در مجلس هنگام بررسی این طرح ها و لوایح لازم است. تفصیل آن را قانون تعیین می کند.

اصل شصت و ششم

مجلس شورای ملی نمی تواند قوانینی وضع کند که با اصول قانون اساسی مغایرت داشته باشد. تشخیص این امر به ترتیبی که در اصل هشتاد و هشتم آمده بر عهده دادگاه قانون اساسی است.

اصل شصت و هفتم

شرح و تفسیر قوانین عادی در صلاحیت مجلس شورای ملی است. مفاد این اصل مانع از تفسیری که دادرسان، در مقام تمیز حق، از قوانین می کنند نیست .

اصل شصت و هشتم

لوایح قانونی پس از تصویب هیئت وزیران به مجلس تقدیم می شود و طرحهای قانونی به پیشنهاد حداقل پنج درصد از نمایندگان، در مجلس شورای ملی قابل طرح است.

اصل شصت و نهم

طرحهای قانونی و پیشنهادات اصلاحی که نمایندگان در خصوص لوایح قانونی عنوان می کنند و به تقلیل درآمد عمومی یا افزایش هزینه های عمومی می انجامد، در صورتی قابل طرح در مجلس است که در آن طریق جبران کاهش درآمد یا تامین هزینه جدید نیز معلوم شده باشد مگر اینکه قبول مطرح شدن آنها بدواً به تصویب مجلس برسد.

اصل نود و نهم

گزینه یک: نخست وزیر با اکثریت مطلق آراء کل نمایندگان مجلس انتخاب می شود. در صورتی که فرد معرفی شده از سوی مقام سلطنت چنین اکثریتی به دست نیاورد، دو هفته بعد برای بار دوم رای گرفته می شود. در صورت عدم کسب اکثریت لازم، مقام سلطنت باید ظرف حداکثر دو هفته فرد واجد شرایط دیگری را به مجلس معرفی کند. در صورت طی دو مرحله فوق برای بار دوم و سپس بار سوم، و عدم کسب اکثریت لازم توسط نامزد دوم و سوم معرفی شده برای نخست وزیری، مقام سلطنت باید ظرف یک هفته دستور برگزاری انتخابات عمومی برای انتخاب نخست وزیر را صادر کند. تفصیل اجرای این اصل را قانون تعیین خواهد کرد.   (پادشاهی)

گزینه دو: رییس جمهور با اکثریت مطلق آرا شرکت کنندگان ، انتخاب می شود، ولی هر گاه در دور نخست هیچ یک از نامزدها چنین اکثریتی به دست نیاورد، روز آخر هفته دو هفته بعد برای بار دوم رای گرفته می شود. در دور دوم تنها دو نفر از نامزدها که در دور نخست آرا بیشتری داشته اند شرکت می کنند، ولی اگر بعضی از نامزدهای دارنده آرا بیشتر، از شرکت در انتخابات منصرف شوند، از میان بقیه، دو نفر که در دور نخست بیش از دیگران رای داشته اند برای انتخاب مجدد معرفی می شوند. در صورت اعلام انصراف یا فوت یکی از دو نامزد در طول زمان بین دور اول و دور دوم، از زمان اعلام انصراف یا فوت نامزد تا برگزاری دور دوم باید حداقل یک هفته فاصله در نظر گرفته شود. سایر موارد را قانون معین می کند.   (جمهوری ریاستی)

اصل یکصدم

مسئولیت نظارت بر حسن اجرای انتخابات، به طور اعم، بر عهده هیئت نظارت بر انتخابات متشکل از ده نفر نماینده وزارت کشور به انتخاب هیئت دولت، ده نفر نماینده قوه قضائیه به انتخاب دیوان عالی کشور و سی و یک نفر از نمایندگان مجلس شورای ملی به انتخاب مجلس است. دادگاه قانون اساسی صلاحیت رسیدگی به شکایات از تصمیمات هیئت نظارت بر انتخابات را دارا خواهد بود. تفصیل این اصل را قانون تعیین می کند.

اصل یکصد و یکم

گزینه یک: معرفی نامزد نخست وزیری به مجلس شورای ملی باید حداقل سه ماه پیش از پایان دوره

اصل هفتاد و ششم

استخدام کارشناسان خارجی از طرف دولت ممنوع است مگر در موارد ضرورت. به کار گرفتن کارشناسان خارجی در زمینه های مرتبط با امور نظامی و امنیتی با تصویب مجلس شورای ملی و در سایر موارد با تصویب هیئت وزیران ممکن است. تفصیل این اصل را قانون تعیین می کند.

اصل هفتاد و هفتم

بناها و اموال دولتی که از نفایس ملی باشد قابل انتقال به غیر نیست مگر با تصویب دو سوم آراء کل نمایندگان مجلس شورای ملی، آنهم در صورتی که از نفایس منحصر به فرد نباشد.

اصل هفتاد و هشتم

هر نماینده در برابر تمام ملت مسئول است و حق دارد در همه مسائل داخلی و خارجی کشور اظهار نظر نماید.

اصل هفتاد و نهم

به منظور کمک به تدوین هر چه بهتر قوانین و تضمین مشارکت اقشار متخصص در روند قانونگزاری، مجلس کمیسیون هائی تخصصی را در امور اقتصادی،کار و امور اجتماعی، آموزش و تحقیقات، سیاست خارجی، بهداشت و درمان، برنامه و بودجه، انرژی و سایر موارد به تشخیص مجلس، جهت بررسی و یا تدوین پیش نویس طرحها و لوایح و ارائه مشورت به مجلس و نمایندگان مجلس، تشکیل خواهد داد. اعضای هر کمیسیون متشکل از حداقل پانزده نفر نماینده مجلس به انتخاب خود مجلس و به تعداد مساوی کارشناس با تخصص مرتبط، به انتخاب دانش آموختگان دارای تحصیلات دانشگاهی مرتبط در سطح کشور، خواهد بود. ترکیب کمیسیون امنیت ملی از این اصل مستثنی است. تفصیل این اصل در خصوص شرایط انتخاب کنندگان و انتخاب شوندگان، روش انتخاب و سایر ترتیبات را قانون تعیین می کند.

اصل هشتادم

سمت نمایندگی قائم به شخص است و قابل واگذاری به دیگری نیست. مجلس نمی تواند اختیار قانونگزاری را به شخص یا گروهی واگذار کند ولی در موارد ضروری می تواند اختیار وضع بعضی از قوانین را با رعایت اصل شصت وششم به کمیسیون های داخلی خود تفویض کند، در این صورت این قوانین در مدتی که مجلس تعیین می نماید به صورت آزمایشی اجراء می شود و تصویب نهایی آنها با مجلس خواهد بود.

همچنین مجلس شورای ملی می تواند تصویب دائمی اساسنامه سازمانها، شرکتها، موسسات دولتی یا وابسته به دولت را با رعایت اصل شصت و ششم به کمیسیون های ذیربط واگذار کند و یا اجازه تصویب آنها را به دولت بدهد. مصوبات دولت نباید با قوانین و مقررات عمومی کشور مغایرت داشته باشد. تشخیص این امر با مجلس شورای ملی و بر اساس درخواست حداقل ده درصد نمایندگان است. تشخیص مجلس مانع از حق رجوع افراد به دادگاه قانون اساسی جهت تشخیص تعارض با قانون اساسی و رجوع به دیوان عدالت اداری در موارد تعارض با قوانین عادی نخواهد بود.

اصل هشتاد و یکم

نمایندگان مجلس در مقام ایفای وظایف نمایندگی دراظهار نظر و رای خود در مجلس یا خارج از آن کاملاً آزادند و نمی توان آنها را به سبب نظراتی که اظهار کرده اند یا آرایی که در مقام ایفای وظایف نمایندگی خود داده اند چه در حین نمایندگی و چه پس از آن مورد پیگرد و مجازات قرار داد.

اصل هشتاد و دوم

{......................} برای هیئت وزیران پس از تشکیل و پیش از هر اقدام دیگر باید از مجلس رای اعتماد بگیرد.

گزینه یک: نخست وزیر   (پادشاهی)

گزینه دو: رئیس جمهور   (جمهوری ریاستی)

اصل هشتاد و سوم

درهرموردکه حداقل یک چهارم کل نمایندگان مجلس شورای ملی از {......................}، یا هر یک از نمایندگان از وزیر مسئول، درباره یکی از وظایف آنان سوال کنند، {......................} یا وزیر موظف است در مجلس حاضرشود و به سوال جواب دهد و این جواب نباید در مورد {......................} بیش ازیک ماه و درمورد وزیر بیش ازده روز به تاخیرافتد مگر با عذرموجه به تشخیص مجلس شورای ملی.

گزینه یک: نخست وزیر | نخست وزیر | نخست وزیر (پادشاهی)

گزینه دو: رئیس جمهور | رئیس جمهور | رئیس جمهور (جمهوری ریاستی)

اصل هشتاد و چهارم

نمایندگان مجلس شورای ملی می توانند در مواردی که لازم می دانند هیئت وزیران یا هر یک از

وزرا را استیضاح کنند. استیضاح وقتی قابل طرح در مجلس است که با امضای حداقل ده درصد نمایندگان به مجلس تقدیم شود. هیئت وزیران یا وزیر مورد استیضاح باید ظرف مدت ده روز پس از طرح آن در مجلس حاضر شود و به آن پاسخ گوید و از مجلس رای اعتماد بخواهد. در صورت عدم حضور هیئت وزیران یا وزیر برای پاسخ ، نمایندگان مزبور درباره استیضاح خود توضیحات لازم را می دهند و در صورتی که مجلس مقتضی بداند اعلام رای عدم اعتماد خواهد کرد. اگر مجلس رای اعتماد نداد، هیئت وزیران یا وزیر مورد استیضاح عزل می شود. در هر دو صورت وزرای مورد استیضاح نمی توانند در هیئت وزیرانی که بلافاصله بعد از آن تشکیل می شود عضویت پیدا کنند.

در صورتی که حداقل یک چهارم از نمایندگان مجلس شورای ملی {.................} را در مقام اجرای وظایف مدیریت قوه مجریه و اداره امور اجرایی کشور مورد استیضاح قرار دهند، {.................} باید ظرف مدت یک ماه پس از طرح آن در مجلس حاضر شود و در خصوص مسائل مطرح شده توضیحات کافی بدهد. در صورتی که پس از بیانات نمایندگان مخالف و موافق و پاسخ {.................}، اکثریت دو سوم کل نمایندگان به وی رای اعتماد ندادند مراتب جهت اجراء به اطلاع {.................} می رسد.

گزینه یک: نخست وزیر | نخست وزیر | نخست وزیر | مقام سلطنت (پادشاهی)

گزینه دو: رئیس جمهور | رئیس جمهور | رئیس جمهور | شورای ریاست جمهوری مرکب

از معاون اول رییس جمهور، رییس قوه قضاییه و رئیس مجلس شورای ملی

(جمهوری ریاستی)

اصل هشتاد و پنجم

هر کس شکایتی از طرز کار مجلس یا قوه مجریه یا قوه قضائیه داشته باشد، می تواند شکایت خود را کتباً به مجلس شورای ملی عرضه کند. مجلس موظف است به این شکایات رسیدگی کند و پاسخ کافی دهد و در مواردی که شکایت به قوه مجریه یا قوه قضائیه مربوط است رسیدگی و پاسخ کافی از آنها بخواهد و در مدت متناسب نتیجه را به شاکی اعلام نماید و در مواردی که مربوط به عموم باشد نتیجه را به اطلاع مردم برساند و در صورت تشخیص جرم مراتب را جهت اقدام به اطلاع دادستان کل کشور نیز برساند. در موارد نقض قانون اساسی، مجلس موظف به گزارش آن به دادگاه قانون اساسی خواهد بود.

اصل هشتاد و ششم

به منظور تضمین و تشخیص رعایت قانون اساسی و عدم مغایرت مصوبات مجلس شورای ملی و دولت با آن در صورت طرح موضوع از طریق دادخواست توسط هر شخص، و سایر وظایف مندرج در این قانون و سایر قوانین، دادگاه قانون اساسی با ترکیب زیر، به عنوان قضات این دادگاه، تشکیل می شود:

- ده نفر از قضات شاغل یا بازنشسته با حداقل سابقه پانزده سال کار قضائی به انتخاب قضات کشور.

- ده نفر از حقوقدانان، در رشته های مختلف حقوقی، از میان اعضای هیئت علمی دانشگاهها و صاحب نظران رشته حقوق، به انتخاب دانش آموختگان رشته حقوق دارای حداقل مدرک کارشناسی.

- پنج نفر از وکلای دادگستری با حداقل بیست سال سابقه عضویت در کانون وکلاء به انتخاب اعضای کانون وکلاء.

تفصیل این اصل را قانون تعیین می کند.

اصل هشتاد و هفتم

اعضای دادگاه قانون اساسی برای مدت ده سال انتخاب می شوند ولی در نخستین دوره پس از گذشتن پنج سال، نیمی از اعضای هر یک از دسته های اول و دوم و سه نفر از اعضای دسته سوم، مذکور در اصل هشتاد و ششم به قید قرعه تغییر می یابند و اعضای تازه به جای آنها انتخاب می شوند.

اصل هشتاد و هشتم

تشخیص تعارض مصوبات قوای مقننه و مجریه با قانون اساسی با حکم دادگاه قانون اساسی است که بر اساس نظر نصف به علاوه یک کل اعضای این دادگاه صادر می شود.

اصل هشتاد و نهم

تفسیر قانون اساسی به درخواست هر یک از روسای سه قوه، مجلس شورای ملی، دیوان عالی کشور یا دیوان عدالت اداری، بر عهده دادگاه قانون اساسی است که با تصویب نصف به علاوه یک اعضای این دادگاه انجام می شود.

اصل نودم

دادگاه قانون اساسی رسیدگی به شکایات مربوط به انتخابات ریاست قوه مجریه با رعایت اصل یکصدم، انتخابات مجلس شورای ملی، و مراجعه به آرا عمومی و همه پرسی را بر عهده دارد. جلسات دادگاه باید از طریق صدا و سیمای ملی و/یا شبکه های قابل دسترس عموم به اطلاع مردم برسد.

فصل ششم – شوراهای منطقه ای و محلی

اصل نود و یکم

برای مشارکت مستقیم مردم در نظارت بر حسن اجرای امور و پیشبرد سریع برنامه های اجتماعی، اقتصادی، عمرانی، بهداشتی، فرهنگی و آموزشی با توجه به مقتضیات محلی اداره امور هر استان، شهر، شهرستان، بخش و روستا، مجالسی به نام شورای استان، شهر، شهرستان، بخش و روستا تشکیل می شود که اعضای آن را مردم همان حوزه مربوطه به طور مستقیم انتخاب می کنند. شرایط انتخاب کنندگان و انتخاب شوندگان و حدود وظایف و اختیارات نظارتی و نحوه انتخاب و نظارت بر شوراهای مذکور و سلسله مراتب آنها را که باید با رعایت اصول وحدت ملی و تمامیت ارضی کشور و تبعیت از قوانین کشور باشد قانون معین می کنند.

اصل نود و دوم

به منظور جلوگیری از تبعیض بین استان ها، تسهیل تهیه برنامه های عمرانی و رفاهی استان ها و نظارت بر اجرای هماهنگ آن، شورای عالی استانها مرکب از نمایندگان شوراهای استانها تشکیل می شود. نحوه تشکیل و وظایف این شورا را قانون معین می کند.

اصل نود و سوم

شورای عالی استانها و نیز شورای هر استان حق دارند در حدود وظایف خود، در صورت لزوم و نبود قانون مورد نظر طرحهایی تهیه و مستقیماً یا از طریق دولت به مجلس شورای ملی پیشنهاد کند. این طرحها باید در مجلس مورد بررسی قرار گیرد.

اصل نود و چهارم

انحلال شوراها جز در صورت انحراف از وظایف قانونی ممکن نیست. مرجع تشخیص انحراف و ترتیب انحلال شوراها و طرز تشکیل مجدد آنها را قانون معین می کند. شورا در صورت اعتراض به انحلال حق شکایت به دادگاه صالح را دارد و دادگاه موظف به رسیدگی خارج از نوبت به آن است.

فصل هفتم - قوه مجریه

مبحث اول - ریاست قوه مجریه و وزراء

اصل نود و پنجم

گزینه یک: مقام سلطنت عالیترین مقام رسمی کشور است و پس از درگذشت یا کناره گیری وی، جانشین وی از میان نامزدهای ایرانی الاصل، منحصراً تابع ایران، حداقل ۳۵ سال سن، فاقد اعتیاد به مواد مخدر و الکل به شرحی که قانون تعیین می کند، نداشتن پیشینه کیفری در جرائم جنائی، جنحه، مالی یا سایر جرائمی که قانون انتخابات تعیین می کند، و نداشتن بیماری روحی، روانی و جسمی که مانع انجام وظایف این مقام گردد، از طریق انتخابات عمومی با رای مستقیم مردم انتخاب می شود. مقام سلطنت وظیفه معرفی نخست وزیر به مجلس را بر عهده دارد. نخست وزیر مسئولیت اجرای قانون اساسی و ریاست قوه مجریه را بر عهده دارد. (پادشاهی)

گزینه دو: مقام سلطنت عالیترین مقام رسمی کشور است و برای بار نخست طی انتخابات عمومی با رای مستقیم مردم انتخاب می شود و پس از درگذشت یا کناره گیری وی، یکی از فرزندان وی از طریق انتخابات عمومی با رای مستقیم مردم جانشین وی می شود. مقام سلطنت وظیفه معرفی نخست وزیر به مجلس را بر عهده دارد. نخست وزیر مسئولیت اجرای قانون اساسی و ریاست قوه مجریه را بر عهده دارد. (پادشاهی)

گزینه سه: رییس جمهور عالیترین مقام رسمی کشور است و مسئولیت اجرای قانون اساسی و ریاست قوه مجریه را بر عهده دارد. (جمهوری ریاستی)

اصل نود و ششم

گزینه یک: نخست وزیر توسط مقام سلطنت به مجلس شورای ملی معرفی و با رای اکثریت مطلق کل نمایندگان انتخاب می شود. انتخاب مجدد او تنها برای دو دوره دیگر بلامانع است. (پادشاهی)

گزینه دو: رییس جمهور برای مدت چهار سال با رای مستقیم مردم انتخاب می شود و انتخاب مجدد او تنها برای یک دوره دیگر بلامانع است. احراز پست ریاست جمهوری برای بیش از دو دوره بطور کل ممنوع است. (جمهوری ریاستی)

اصل نود و هفتم

{...}

گزینه یک: نخست وزیر توسط مقام سلطنت از میان مردان، زنان یا سایر جنسیت ها با شرایط زیر انتخاب و به مجلس معرفی می شود: (پادشاهی)

گزینه دو: رییس جمهور از میان مردان، زنان یا سایر جنسیت ها، با شرایط زیر و با رای مستقیم مردم انتخاب می شود: (جمهوری ریاستی)

{...}

گزینه یک: ایرانی الاصل، منحصراً تابع ایران، دارای حداقل مدرک کارشناسی، حداقل ۳۰ سال سن، فاقد اعتیاد به مواد مخدر به شرحی که قانون تعیین می کند، نداشتن پیشینه کیفری در جرائم جنائی، جنحه، مالی یا سایر جرائمی که قانون انتخابات تعیین می کند.

گزینه دو: ایرانی الاصل، منحصراً تابع ایران، دارای حداقل مدرک کارشناسی، حداقل ۳۰ سال سن، فاقد اعتیاد به مواد مخدر و الکل به شرحی که قانون تعیین می کند، نداشتن پیشینه کیفری در جرائم جنائی، جنحه، مالی یا سایر جرائمی که قانون انتخابات تعیین می کند، و نداشتن بیماری روحی، روانی و جسمی که مانع انجام وظایف ریاست جمهوری گردد.

گزینه سه: (منحصراً) تابع ایران، حداقل ۳۰ سال سن، فاقد اعتیاد به مواد مخدر و الکل به شرحی که قانون تعیین می کند، نداشتن پیشینه کیفری در جرائم جنائی، جنحه، مالی یا سایر جرائمی که قانون انتخابات تعیین می کند.

اصل نود و هشتم

گزینه یک: احزاب سیاسی شخص یا اشخاص مورد نظر خود را به مقام سلطنت معرفی کنند تا وی از میان این اشخاص یا هر شخص دیگر واجد شرایط مندرج در اصل نود و هفتم، فرد مورد نظر خود را به پارلمان معرفی نماید.   (پادشاهی)

گزینه دو: نامزدهای ریاست جمهوری باید قبل از شروع انتخابات آمادگی خود را رسماً اعلام کنند. نحوه برگزاری انتخابات ریاست جمهوری را قانون معین می کند.   (جمهوری ریاستی)

اصل نود و نهم

گزینه یک: نخست وزیر با اکثریت مطلق آراء کل نمایندگان مجلس انتخاب می شود. در صورتی که فرد معرفی شده از سوی مقام سلطنت چنین اکثریتی به دست نیاورد، دو هفته بعد برای بار دوم رای گرفته می شود. در صورت عدم کسب اکثریت لازم، مقام سلطنت باید ظرف حداکثر دو هفته فرد واجد شرایط دیگری را به مجلس معرفی کند. در صورت طی دو مرحله فوق برای بار دوم و سپس بار سوم، و عدم کسب اکثریت لازم توسط نامزد دوم و سوم معرفی شده برای نخست وزیری، مقام سلطنت باید ظرف یک هفته دستور برگزاری انتخابات عمومی برای انتخاب نخست وزیر را صادر کند. تفصیل اجرای این اصل را قانون تعیین خواهد کرد.   (پادشاهی)

گزینه دو: رییس جمهور با اکثریت مطلق آرا شرکت کنندگان ، انتخاب می شود، ولی هر گاه در دور نخست هیچ یک از نامزدها چنین اکثریتی به دست نیاورد، روز آخر هفته دو هفته بعد برای بار دوم رای گرفته می شود. در دور دوم تنها دو نفر از نامزدها که در دور نخست آرا بیشتری داشته اند شرکت می کنند، ولی اگر بعضی از نامزدهای دارنده آرا بیشتر، از شرکت در انتخابات منصرف شوند، از میان بقیه، دو نفر که در دور نخست بیش از دیگران رای داشته اند برای انتخاب مجدد معرفی می شوند. در صورت اعلام انصراف یا فوت یکی از دو نامزد در طول زمان بین دور اول و دور دوم، از زمان اعلام انصراف یا فوت نامزد تا برگزاری دور دوم باید حداقل یک هفته فاصله در نظر گرفته شود. سایر موارد را قانون معین می کند.   (جمهوری ریاستی)

اصل یکصدم

مسئولیت نظارت بر حسن اجرای انتخابات، به طور اعم، بر عهده هیئت نظارت بر انتخابات متشکل از ده نفر نماینده وزارت کشور به انتخاب هیئت دولت، ده نفر نماینده قوه قضائیه به انتخاب دیوان عالی کشور و سی و یک نفر از نمایندگان مجلس شورای ملی به انتخاب مجلس است. دادگاه قانون اساسی صلاحیت رسیدگی به شکایات از تصمیمات هیئت نظارت بر انتخابات را دارا خواهد بود. تفصیل این اصل را قانون تعیین می کند.

اصل یکصد و یکم

گزینه یک: معرفی نامزد نخست وزیری به مجلس شورای ملی باید حداقل سه ماه پیش از پایان دوره

نخست وزیری قبلی انجام شده باشد. در صورت عدم قطعی شدن انتخاب نخست وزیر قبل از پایان دوره نخست وزیری پیشین، مقام سلطنت وظایف نخست وزیر را تا انتخاب نخست وزیر جدید انجام خواهد داد. (پادشاهی)

گزینه دو: انتخاب رییس جمهور جدید باید حداقل یک ماه پیش از پایان دوره ریاست جمهوری قبلی انجام شده باشد. در فاصله انتخاب رییس جمهور جدید و پایان دوره ریاست جمهوری سابق، رییس جمهور پیشین وظایف رییس جمهوری را انجام خواهد داد.

(جمهوری ریاستی)

اصل یکصد و دوم

سایر جزئیات مربوط به انتخابات را قانون مربوط به انتخابات که توسط مجلس شورای ملی به تصویب رسیده باشد تعیین خواهد کرد.

اصل یکصد و سوم

{..........................} در مجلس شورای ملی در جلسه ای که با حضور رئیس قوه قضاییه تشکیل می شود به ترتیب زیر سوگند یاد می کند و سوگندنامه را امضا می نماید:

"من به عنوان {..............................} در برابر ملت ایران و با تکیه بر شرف انسانی خویش تعهد می نمایم و سوگند یاد می کنم که نگهبان ایران، منافع ملی و حقوق ملت باشم. در انجام وظایف {..............................}، امانت را رعایت نمایم و همواره به استقلال و اعتلای کشور و خدمت به مردم پایبند باشم، از قانون اساسی دفاع کنم، همه استعداد و صلاحیت خویش را در راه ایفای مسئولیتهایی که بر عهده گرفته ام بکار گیرم و خود را وقف خدمت به مردم و اعلای کشور، پشتیبانی از حق و گسترش عدالت سازم و از هر گونه خودکامگی بپرهیزم و از آزادی و حرمت اشخاص و حقوقی که قانون اساسی برای ملت شناخته است حمایت کنم. در حراست از مرزها و استقلال سیاسی و اقتصادی و فرهنگی کشور از هیچ اقدامی دریغ نورزم و قدرتی را که ملت به عنوان امانت به من سپرده است همچون امینی درستکار نگاهدار باشم و آن را به منتخب ملت پس از خود بسپارم."

{..............................} در صورت تمایل می تواند با گذاشتن دست بر کتاب مقدس دین خود مراسم تحلیف را به جای آورد. حکم آغاز به کار در همین جلسه و پس از اتیان سوگند توسط وی، به امضای رئیس مجلس و توسط وی از طرف ملت به {..............................} داده خواهد شد.

گزینه یک: نخست وزیر |نخست وزیر |نخست وزیری |نخست وزیر |نخست وزیر
(پادشاهی)

گزینه دو: رئیس جمهور |رئیس جمهور |ریاست جمهوری |رئیس جمهور | رئیس جمهور
(جمهوری ریاستی)

اصل یکصد و چهارم

{.................................} در حدود اختیارات و وظایفی که به موجب قانون اساسی و یا قوانین عادی به عهده دارد در برابر {..} مسئول است.

گزینه یک: نخست وزیر | مقام سلطنت، ملت و مجلس شورای ملی (پادشاهی)

گزینه دو: رئیس جمهور | ملت و مجلس شورای ملی (جمهوری ریاستی)

اصل یکصد و پنجم

{..........................} موظف است مصوبات مجلس یا نتیجه همه پرسی را پس از طی مراحل قانونی و ابلاغ به وی امضا کند و برای اجراء در اختیار مسئولان بگذارد.

گزینه یک: نخست وزیر (پادشاهی)

گزینه دو: رئیس جمهور (جمهوری ریاستی)

اصل یکصد و ششم

{..................} می تواند برای انجام وظایف قانونی خود معاونانی داشته باشد. معاون اول بنا به درخواست یا موافقت{..........................} اداره هیئت وزیران و مسئولیت هماهنگی سایر معاونتها را به عهده خواهد داشت.

گزینه یک: نخست وزیر | نخست وزیر (پادشاهی)

گزینه دو: رئیس جمهور | رئیس جمهور (جمهوری ریاستی)

اصل یکصد و هفتم

امضای اسناد مربوط به اتحادیه های بین المللی، عهدنامه ها، کنوانسیون ها، مقاوله نامه ها، موافقتنامه ها و قراردادهای دولت ایران و هریک وزارتخانه ها و سازمان های تابعه یا وابسته به دولت، با سایر دولتها یا بخش خصوصی خارجی پس از تصویب مجلس شورای ملی با {..............................} یا نماینده قانونی او است. پاراف اینگونه اسناد توسط {...........................} یا نماینده قانونی او در صورتی که هیچگونه آثار الزام آور نداشته باشد بلامانع است. {.......................................}

موارد فوق مراتب را ظرف پانزده روز به اطلاع مجلس برساند.

گزینه یک: مقام سلطنت | مقام سلطنت | مقام سلطنت و نخست وزیر منفرداً یا مجتمعاً موظفند (پادشاهی)

گزینه دو: رئیس جمهور | رئیس جمهور | رئیس جمهور موظف است (جمهوری ریاستی)

اصل یکصد و هشتم

{.........................} مسئولیت امور برنامه و بودجه و امور اداری و استخدامی کشور را مستقیماً بر عهده دارد و می تواند اداره آنها را به عهده دیگری بگذارد.

گزینه یک: نخست وزیر (پادشاهی)

گزینه دو: رئیس جمهور (جمهوری ریاستی)

اصل یکصد و نهم

{.........................} می تواند در موارد خاص، بر حسب ضرورت و با تصویب هیئت وزیران، نماینده یا نمایندگان ویژه با اختیارات مشخص تعیین نماید. در این موارد، تصمیمات نماینده یا نمایندگان مذکور در حکم تصمیمات {.........................} و هیئت وزیران خواهد بود.

گزینه یک: نخست وزیر | نخست وزیر (پادشاهی)

گزینه دو: رئیس جمهور | رئیس جمهور (جمهوری ریاستی)

اصل یکصد و دهم

سفیران به پیشنهاد وزیر امور خارجه و تصویب {.........................} تعیین می شوند. {.........................} استوارنامه سفیران را امضا می کند و استوارنامه سفیران کشورهای دیگر را می پذیرد.

گزینه یک: نخست وزیر | نخست وزیر (پادشاهی)

گزینه دو: رئیس جمهور | رئیس جمهور (جمهوری ریاستی)

اصل یکصد و یازدهم

علاوه بر وظایفی که به موجب اصول این قانون و قوانین عادی بر عهده {.........................} قرار می گیرد، وظایف زیر نیز بر عهده شخص {.........................} است و نمی توان آنها را بر عهده دیگری گذارد:

۱. فرماندهی کل نیروهای مسلح

۲. اعلان جنگ و صلح، با تصویب مجلس شورای ملی (درصورت برقراری و امکان تشکیل جلسه مجلس)

۳. نصب و عزل رئیس ستاد مشترک نیروهای مسلح و فرماندهان عالی نیروهای نظامی و انتظامی با تصویب مجلس شورای ملی، و قبول استعفای آنان با اطلاع مجلس

٤. عفو یا تخفیف مجازات محکومین پس از پیشنهاد رییس قوه قضائیه

٥. اعطای نشانهای دولتی پس از پیشنهاد {...............................}

گزینه یک: مقام سلطنت | مقام سلطنت | نخست وزیر یا مجلس شورای ملی

(پادشاهی)

گزینه دو: رئیس جمهور | رئیس جمهور | یکی از وزراء یا مجلس شورای ملی

(جمهوری ریاستی)

اصل یکصد و دوازدهم

{...............................} استعفای خود را به {.......................................} تقدیم می کند و تا زمانی که استعفای او {...............................} پذیرفته نشده است به انجام وظایف خود ادامه می دهد.

گزینه یک: نخست وزیر | مقام سلطنت | مقام سلطنت (پادشاهی)

گزینه دو: رئیس جمهور | مجلس شورای ملی | توسط اکثریت مطلق کل نمایندگان مجلس

(جمهوری ریاستی)

اصل یکصد و سیزدهم

گزینه یک: در صورت فوت، کناره گیری، عزل، یا ناتوانی از انجام وظیفه نخست وزیر به مدت بیش از یک ماه، به دلیل غیبت یا بیماری و امثال آن، یا در موردی که مدت نخست وزیری پایان یافته و نخست وزیر جدید بر اثر موانعی هنوز انتخاب نشده، و یا امور دیگری از این دست، مقام سلطنت وظایف نخست وزیری را به طور موقت بر عهده می گیرد. چنانچه در این مدت مقام سلطنت بنا به تشخیص خود یا اکثریت مطلق مجلس شورای ملی نتواند انجام وظیفه نماید، رئیس مجلس وظایف نخست وزیری را بر عهده می گیرد و در صورت عدم امکان بنا به تشخیص رئیس مجلس یا اکثریت مطلق مجلس شورای ملی، مجلس فردی را

موقتاً برای تصدی وظایف نخست وزیری تعیین خواهد کرد. در صورتی که بنا به احراز اکثریت مطلق مجلس شورای ملی معلوم شود امکان بازگشت به کار نخست وزیر وجود ندارد، همه اشخاص جایگزین فوق الاشاره موظفند ترتیبی دهند که حداکثر ظرف مدت دو ماه از احراز عدم امکان بازگشت به کار نخست وزیر، نخست وزیر جدید معرفی و انتخاب شود. تفصیل این اصل را قانون تعیین خواهد کرد.   (پادشاهی)

گزینه دو: در صورت فوت، کناره گیری، عزل، یا ناتوانی از انجام وظیفه رئیس جمهور به مدت بیش از دو ماه، به دلیل غیبت یا بیماری و امثال آن، یا در موردی که مدت ریاست جمهوری پایان یافته و رییس جمهور جدید بر اثر موانعی هنوز انتخاب نشده و یا امور دیگری از این دست، شورایی به نام شورای ریاست جمهوری مرکب از معاون اول رییس جمهور، رییس قوه قضاییه و رئیس مجلس شورای ملی، همه وظایف ریاست جمهوری را به طور موقت به عهده می گیرد و چنانچه در این مدت یکی از آنان به هر دلیل نتواند انجام وظیفه نماید، فرد دیگری به انتخاب مجلس شورای ملی، در شورا به جای وی منصوب می گردد. این شورا موظف است ترتیبی دهد که حداکثر ظرف مدت دو ماه انتخابات ریاست جمهوری جدید برگزار شود. همچنین اگر رییس جمهور بر اثر بیماری یا حادثه دیگری از انجام وظایف ریاست جمهوری موقتاً، به مدت دو ماه یا کمتر، ناتوان شود در این مدت شورای مذکور در این اصل وظایف او را عهده دار خواهد بود. ریاست شورا برعهده معاون اول رئیس جمهور ودر غیاب وی به ترتیب برعهده رئیس مجلس شورای ملی و رئیس قوه قضائیه خواهد بود. تفصیل این اصل را قانون تعیین خواهد کرد.   (جمهوری ریاستی)

اصل یکصد و چهاردهم

گزینه یک: در مدتی که اختیارات و مسئولیتهای نخست وزیر بر عهده یکی از اشخاص مندرج در اصل یکصد و سیزدهم است، وزرا را نمی توان استیضاح کرد یا به آنان رای عدم اعتماد داد و نیز نمی توان برای تجدید نظر در قانون اساسی برای همه پرسی اقدام نمود.
          (پادشاهی)

گزینه دو: در مدتی که اختیارات و مسئولیتهای رییس جمهور بر عهده شورای ریاست جمهوری است، وزرا را نمی توان استیضاح کرد یا به آنان رای عدم اعتماد داد و نیز نمی توان برای تجدید نظر در قانون اساسی برای همه پرسی اقدام نمود.   (جمهوری ریاستی)

اصل یکصد و پانزدهم

وزرا توسط {..................} تعیین و برای گرفتن رای اعتماد به مجلس معرفی می شوند. با تغییر مجلس، گرفتن رای اعتماد جدید برای وزرا لازم نیست. تعداد وزیران و حدود اختیارات هر یک از آنان را قانون معین می کند.

گزینه یک: نخست وزیر (پادشاهی)

گزینه دو: رئیس جمهور (جمهوری ریاستی)

اصل یکصد و شانزدهم

ریاست هیئت وزیران با {..............................} است که بر کار وزیران نظارت دارد و با اتخاذ تدابیر لازم به هماهنگ ساختن تصمیم های وزیران و هیئت دولت می پردازد و با همکاری وزیران، برنامه و خط مشی دولت را تعیین و قوانین را اجراء می کند. در موارد اختلاف نظر و یا تداخل در وظایف قانونی دستگاههای دولتی در صورتی که نیاز به تفسیر یا تغییر قانون نداشته باشد، تصمیم هیئت وزیران که به پیشنهاد {..............................} اتخاذ می شود لازم الاجراء است. {..................} در برابر مجلس مسئول اقدامات هیئت وزیران است.

گزینه یک: نخست وزیر | نخست وزیر | نخست وزیر (پادشاهی)

گزینه دو: رئیس جمهور | رئیس جمهور | رئیس جمهور (جمهوری ریاستی)

اصل یکصد و هفدهم

وزرا تا زمانی که عزل نشده اند و یا بر اثر استیضاح یا در خواست رای اعتماد، مجلس به آنها رای عدم اعتماد نداده است در سمت خود باقی می مانند. استعفای وزراء و هیئت وزیران به {..................} تسلیم می شود. در صورت اخیر، هیئت وزیران تا تعیین دولت جدید به وظایف خود ادامه خواهند داد. {..............................} می تواند برای وزارتخانه هایی که وزیر ندارند حداکثر برای مدت سه ماه سرپرست تعیین نماید.

گزینه یک: نخست وزیر | نخست وزیر (پادشاهی)

گزینه دو: رئیس جمهور | رئیس جمهور (جمهوری ریاستی)

اصل یکصد و هجدهم

{..................} می تواند وزرا را عزل کند و در این صورت باید برای وزیر یا وزیران جدید از مجلس رای اعتماد بگیرد، و در صورتی که پس از ابراز اعتماد مجلس به دولت یک سوم از هیئت

وزیران تغییر نماید باید مجددا" از مجلس شورای ملی برای هیئت وزیران تقاضای رای اعتماد کند.

گزینه یک: نخست وزیر (پادشاهی)

گزینه دو: رئیس جمهور (جمهوری ریاستی)

اصل یکصد و نوزدهم

هر یک از وزیران مسئول وظایف خاص خویش در برابر {...............................} و مجلس است و در اموری که به تصویب هیئت وزیران می رسد مسئول اعمال دیگران نیز خواهد بود.

گزینه یک: نخست وزیر (پادشاهی)

گزینه دو: رئیس جمهور (جمهوری ریاستی)

اصل یکصد و بیستم

علاوه بر مواردی که هیئت وزیران یا وزیری مامور تدوین آیین نامه های اجرایی قوانین می شود، هیئت وزیران حق دارد برای انجام وظایف اداری و تامین اجرای قوانین و تنظیم سازمانهای اداری به وضع تصویبنامه و آیین نامه بپردازد. هر یک از وزیران نیز در حدود وظایف خویش و مصوبات هیئت وزیران حق وضع آیین نامه و صدور بخشنامه را دارد ولی مفاد این مقررات نباید با متن و روح قوانین مخالف باشد. دولت می تواند تصویب برخی از امور مربوط به وظایف خود را به کمیسیونهای متشکل از چند وزیر واگذار نماید. مصوبات این کمیسیونها در محدوده قوانین پس از تایید {...............................} لازم الاجراء است.

تصویبنامه ها و آیین نامه های دولت و مصوبات کمیسیونهای مذکور در این اصل ، ضمن ابلاغ برای اجراء به اطلاع مجلس شورای ملی می رسد تا در صورتی که آنها را بر خلاف قوانین بیابد با ذکر دلیل برای تجدیدنظر به هیئت وزیران بفرستد. نظر مجلس مانع از اعمال حق افراد در رجوع به دادگاه قانون اساسی جهت تشخیص تعارض با قانون اساسی و دیوان عدالت اداری بابت تعارض با قوانین عادی نخواهد بود.

گزینه یک: نخست وزیر (پادشاهی)

گزینه دو: رئیس جمهور (جمهوری ریاستی)

اصل یکصد و بیست و یکم

صلح دعاوی راجع به اموال عمومی و دولتی یا حل و فصل آن از طریق داوری در هر مورد موکول

به تصویب هیئت وزیران است و باید به اطلاع مجلس برسد. در مواردی که طرف دعوی خارجی باشد و در موارد مهم داخلی باید به تصویب مجلس نیز برسد. موارد مهم را قانون تعیین می کند.

اصل یکصد و بیست و دوم

رسیدگی به اتهام {......................}، معاونان او و وزیران، در مورد جرائم مربوط به انجام وظایف شان در یکی از شعب دیوان عالی کشور و در مورد جرائم عادی در دادگاههای عمومی دادگستری، و در هر دو صورت با اطلاع مجلس شورای ملی، انجام می شود.

گزینه یک: نخست وزیر (پادشاهی)

گزینه دو: رئیس جمهور (جمهوری ریاستی)

اصل یکصد و بیست و سوم

{......................}، معاونان وی، وزیران و کارمندان دولت نمی توانند بیش از یک شغل دولتی داشته باشند و داشتن هر نوع شغل دیگر در موسساتی که تمام یا قسمتی از سرمایه آن متعلق به دولت یا نهادها و موسسات عمومی است، نمایندگی مجلس شورای ملی، وکالت دادگستری، مشاوره حقوقی، و نیز ریاست و مدیریت عامل یا عضویت در هیئت مدیره انواع مختلف شرکتهای دولتی و خصوصی، جز شرکتهای تعاونی ادارات و موسسات، برای آنان ممنوع است. سمتهای آموزشی در دانشگاهها و موسسات تحقیقاتی از این حکم مستثنی است. داشتن سمت مدیریت عامل یا عضویت در هیئت مدیره یا مشاوره یا هر ترکیبی از اینها بطور همزمان در دو یا چند شرکت، موسسه یا نهاد دولتی یا وابسته به دولت یا شرکت ها، موسسات و نهادهای عمومی که شمول آنها مستلزم ذکر نام است ممنوع است.

گزینه یک: نخست وزیر (پادشاهی)

گزینه دو: رئیس جمهور (جمهوری ریاستی)

اصل یکصد و بیست و چهارم

دارایی {......................}، معاونان وی، وزیران، نمایندگان مجلس و همسر و فرزندان آنان قبل و بعد از خدمت، توسط رییس قوه قضاییه رسیدگی می شود که بر خلاف حق افزایش نیافته باشد.

گزینه یک: نخست وزیر (پادشاهی)

گزینه دو: رئیس جمهور (جمهوری ریاستی)

مبحث دوم - ارتش ایران

اصل یکصد و بیست و پنجم

بجز نیروهای انتظامی که وفق قوانین تشکیل می شوند و تضمین امنیت جامعه و انجام وظایف ضابط قضائی را بر عهده دارند، ارتش ایران تنها نیروی نظامی کشور است. ارتش ایران پاسداری از استقلال و تمامیت ارضی کشور را بر عهده دارد. ارتش مستقیماً و نیز از طریق وزارت دفاع در برابر مجلس نسبت به اقدامات خود پاسخگو است.

اصل یکصد و بیست و ششم

هیچ فرد خارجی به عضویت در ارتش و نیروهای مسلح کشور پذیرفته نمی شود.

اصل یکصد و بیست وهفتم

استقرار هر گونه پایگاه نظامی خارجی در کشور هر چند به عنوان استفاده های صلح آمیز باشد ممنوع است. موارد مربوط به همکاری با نهادهای سازمان ملل، و یا اجرای کنوانسیون ها و پیمان های بین المللی که به تصویب مجلس شورای ملی رسیده باشد از این اصل مستثنی هستند.

اصل یکصد و بیست و هشتم

دولت می تواند در زمان صلح از افراد و تجهیزات فنی ارتش در کارهای امدادی و آموزشی، استفاده کند به شرطی که به آمادگی رزمی ارتش آسیبی وارد نیاید. در هر صورت و تحت هر شرایط، و به منظور حفظ قداست خدمات نیروهای مسلح به میهن و مردم، دخالت این نیروها، همانند سایر نیروهای مسلح، اطلاعاتی و امنیتی، در امور سیاسی و اقتصادی ممنوع است.

اصل یکصد و بیست و نهم

هر نوع بهره برداری شخصی از وسائل و امکانات ارتش و استفاده شخصی از افراد آنها به صورت گماشته، راننده شخصی و نظایر اینها ممنوع است.

اصل یکصد و سی ام

ترفیع درجه نظامیان و سلب آن به موجب قانون است.

اصل یکصد و سی و یکم

دولت موظف است برای همه افراد کشور امکانات آموزش نظامی را فراهم نماید، به طوری که همه افراد همواره توانایی دفاع مسلحانه از کشور را داشته باشند، ولی داشتن اسلحه باید با اجازه مقامات رسمی باشد. اختیاری یا اجباری بودن و سایر شرایط مربوط به خدمت نظامی حسب شرایط کشور،

بر عهده مجلس شورای ملی است.

فصل هشتم - سیاست خارجی

اصل یکصد و سی و دوم

سیاست خارجی ایران بر اساس نفی هر گونه سلطه جویی و سلطه پذیری ، حفظ استقلال همه جانبه و تمامیت ارضی کشور، رعایت حقوق بشر و روابط صلح آمیز متقابل با جهان استوار است. دولت از طریق وزارت امور خارجه متولی سیاست خارجی کشور است و مجلس می تواند در باره سیاست خارجی دولت از طریق مصوبات خود نقش نظارتی و هدایتی داشته باشد.

اصل یکصد و سی و سوم

هر گونه قرارداد که موجب سلطه خارجیان بر منابع طبیعی، اقتصادی، فرهنگ ، ارتش و دیگر شوون کشور گردد ممنوع است. حدود آن را قانون تعیین می کند.

اصل یکصد و سی و چهارم

دولت ایران می تواند به کسانی که پناهندگی سیاسی یا اجتماعی بخواهند پناه دهد مگر اینکه بر طبق قوانین ایران یا کنوانسیون های بین المللی که ایران آنها را امضاء کرده و به تصویب نهائی مجلس رسیده باشد، خائن به ملت خود یا تبهکار شناخته شوند.

فصل نهم - قوه قضاییه

اصل یکصد و سی وپنجم

قوه قضاییه قوه ای است مستقل که پشتیبان حقوق فردی و اجتماعی و مسئول تحقق بخشیدن به عدالت و عهده دار وظایف زیر است:

۱. رسیدگی و صدور حکم در مورد تظلمات، تعدیات، شکایات، حل و فصل دعاوی و رفع خصومت ها و اخذ تصمیم و اقدام لازم در آن قسمت از امور حسبیه که قانون معین می کند،

۲. احیای حقوق عامه و گسترش عدل و حقوق بشر،

۳. نظارت بر حسن اجرای قوانین،

۴. اقدام مناسب برای پیشگیری از وقوع جرم و اصلاح مجرمین،

۵. کشف جرم و تعقیب و مجازات مجرمین و اجرای سایر مقررات مدون جزایی،

۶. انجام وظایف نظارتی و سایر وظایف مندرج در قوانین ناظر بر روابط بین قوه قضائیه با قوه مجریه و قوه مقننه.

اصل یکصد و سی وششم

به منظور انجام مسئولیت های قوه قضاییه در کلیه امور قضایی و اداری و اجرایی، یک نفر از میان زنان و مردان و سایر جنسیت های حقوقدان عادل و آگاه به امور قضایی و مدیر و مدبر با سابقه حداقل پانزده سال کار قضاوت و/یا وکالت، به انتخاب قضات کشور و تصویب مجلس شورای ملی، برای مدت پنج سال، غیرقابل تمدید، به عنوان رییس قوه قضاییه تعیین می شود که عالیترین مقام قوه قضاییه است. عزل وی تنها در صورت محکومیت قطعی کیفری در اختیار مجموع اعضای دیوان عالی کشور و دیوان عدالت اداری، و در سایر موارد با تصویب سه چهارم کل نمایندگان مجلس شورای ملی خواهد بود. تفصیل روش انتخاب و عزل را قانون تعیین می کند.

اصل یکصد و سی و هفتم

وظایف رئیس قوه قضاییه به شرح زیر است:

۱ - ایجاد تشکیلات لازم در دادگستری بر اساس قانون و به تناسب مسئولیت های اصل یکصد و سی و پنجم.

۲ - تهیه لوایح قضایی با رعایت قانون اساسی.

۳ - ریاست هیئت استخدام قضات متشکل از رئیس قوه قضائیه، پنج نفر از قضات دیوان عالی کشور و پنج نفر از قضات دیوان عدالت اداری، که وظیفه استخدام قضات عادل، شایسته و دارای تحصیلات دانشگاهی در رشته حقوق، عزل و نصب آنها، تغییر محل ماموریت و تعیین مشاغل و ترفیع آنان و مانند اینها را طبق قانون برعهده خواهد داشت.

اصل یکصد و سی و هشتم

مرجع رسمی تظلمات و شکایات دادگستری است. تشکیل دادگاهها و تعیین صلاحیت آنها منوط به حکم قانون است.

اصل یکصد و سی و نهم

دیوان عالی کشور به منظور نظارت بر اجرای صحیح قوانین در محاکم و ایجاد وحدت رویه قضایی و انجام مسئولیتهایی که طبق قانون به آن محول می شود بر اساس ضوابطی که قانون تعیین می کند تشکیل می گردد. قضات دیوان با رای قضات دادگستری انتخاب می شوند.

اصل یکصد و چهلم

رییس دیوان عالی کشور و دادستان کل باید از میان قضات عادل و آگاه به امور قضایی با سابقه حداقل پانزده سال کار قضائی توسط قضات دیوان عالی کشور برای مدت پنج سال، غیر قابل تمدید، انتخاب شوند. عزل آنها در اختیار همین دیوان و با اطلاع مجلس خواهد بود. قبول استعفای آنان با رئیس قوه قضائیه است.

اصل یکصد و چهل و یکم

صفات و شرایط قاضی با رعایت اصول قانون اساسی، بوسیله قانون معین می شود.

اصل یکصد و چهل و دوم

قاضی را نمی توان از مقامی که شاغل آن است بدون محاکمه و اثبات جرم یا تخلفی که موجب انفصال است به طور موقت یا دائم منفصل کرد. ضمناً نمی توان بدون رضای او محل خدمت یا سمتش را تغییر داد مگر به اقتضای مصلحت جامعه با تصمیم مستدل رئیس قوه قضائیه، دیوان عالی کشور و دادستان کل. نقل و انتقال دوره ای قضات بر طبق ضوابط کلی که قانون تعیین می کند صورت می گیرد.

اصل یکصد و چهل و سوم

دادرسی ها به طور علنی انجام می شود و حضور افراد و رسانه ها به طور اعم بلامانع است مگر آنکه به تشخیص دادگاه علنی بودن آن منافی عفت عمومی یا نظم عمومی باشد یا در دعاوی خصوصی حداقل یکی از طرفین دعوی تقاضا کنند که دادرسی علنی نباشد و دادگاه رسیدگی کننده به پرونده آن را بپذیرد.

اصل یکصد و چهل و چهارم

احکام دادگاهها باید مستدل و مستند به مواد قانون و اصولی باشد که بر اساس آن حکم صادر شده است. دادگا هها باید در احکام خود به تمام استدلالات طرفین یک به یک اشاره کنند و دلایل قبول یا رد آنها را صریحاً و به طور کامل و جداگانه بیان دارند.

اصل یکصد و چهل و پنجم

قاضی موظف است کوشش کند حکم هر دعوای حقوقی را در قوانین مدونه و رویه های قضائی بیابد و اگر نیابد در صورت امکان با استناد به عرف و اصول مسلم حقوقی حکم قضیه را صادر نماید

و نمی تواند به بهانه سکوت یا نقص یا اجمال یا تعارض قوانین مدونه از رسیدگی به دعوا و صدور حکم امتناع ورزد.

اصل یکصد و چهل و ششم

هیچ فعل یا ترک فعلی به استناد قانونی که بعد از آن وضع شده است جرم محسوب نمی شود.

اصل یکصد و چهل و هفتم

قضات دادگاهها مکلفند از اجرای تصویبنامه ها و آیین نامه های دولتی که مخالف با قوانین و مقررات موضوعه یا خارج از حدود اختیارات قوه مجریه است خودداری کنند و ضمن صدور حکم مقتضی در پرونده مطروح، موضوع را جهت تصمیم گیری عمومی به اطلاع دیوان عدالت اداری برسانند. در هر حال، هر شخصی می تواند ابطال این گونه مقررات را از دیوان عدالت اداری تقاضا کند. در صورت اثبات مدعا، شخص مستحق دریافت پاداش معادل تعرفه وکالت به هزینه دستگاه اجرائی خوانده خواهد بود.

اصل یکصد و چهل و هشتم

هر گاه در اثر تقصیر یا اشتباه قاضی در موضوع یا در حکم یا در تطبیق حکم بر مورد خاص ضرر مادی یا معنوی متوجه کسی گردد در صورت قصور یا تقصیر، مقصر شخصاً ضامن است و در غیر این صورت خسارت به وسیله دولت جبران می شود، و در هر حال ضرر شخص متضرر طبق قانون جبران خواهد شد.

اصل یکصد و چهل و نهم

برای رسیدگی به جرائم مربوط به وظایف خاص نظامی یا انتظامی اعضاء ارتش و سایر نیروهای مسلح، دادگاه های نظامی مطابق قانون تشکیل می گردد، ولی به جرائم عمومی آنان یا جرائمی که در مقام ضابط دادگستری مرتکب شوند در دادگاه های عمومی رسیدگی می شود. دادستانی و دادگاههای نظامی بخشی از قوه قضاییه کشور و از جهت طرز انتخاب قضات و سایر ترتیبات مشمول اصول مربوط به این قوه هستند.

اصل یکصد و پنجاهم

به منظور رسیدگی به شکایات، تظلمات و اعتراضات مردم نسبت به کلیه مصوبات و آیین نامه ها و بخشنامه های دولتی، تصمیمات مامورین دولت، ادارات، سازمان ها، و سایر واحدهای دولتی، و

نهادهای عمومی غیردولتی که شمول انها مستلزم ذکر نام آنها است، و احقاق حقوق مردم، "دیوان عدالت اداری" دارای صلاحیت است. انتخاب اعضای این دیوان با قضات دادگستری، و انتخاب و عزل رئیس آن با اعضای این دیوان و تصویب رئیس قوه قضائیه خواهد بود. تفصیل این اصل، حدود اختیارات و نحوه عمل این دیوان را قانون تعیین می کند.

اصل یکصد و پنجاه و یکم

بر اساس حق نظارت قوه قضاییه نسبت به حسن جریان امور و اجرای صحیح قوانین در دستگاههای اداری "سازمان بازرسی کل کشور" زیر نظر رییس قوه قضاییه انجام وظیفه می کند. انتخاب رئیس سازمان با معرفی رئیس قوه قضائیه، برای یک دوره پنج ساله، قابل تمدید تنها برای یک دوره پنج ساله دیگر، و عزل وی با درخواست رئیس قوه قضائیه، بر عهده دیوان عالی کشور است. قبول استعفای وی با رئیس قوه قضائیه خواهد بود. حدود اختیارات و وظایف این سازمان را قانون تعیین می کند.

فصل دهم – رسانه های ملی

اصل یکصد و پنجاه و دوم

صدا و سیمای ملی ایران وظیفه اطلاع رسانی شفاف و رعایت آزادی عقیده و بیان، وفق موازین قانون اساسی و سایر قوانین کشور، را بر عهده دارد. نصب و عزل رییس سازمان صدا و سیمای ملی ایران با مجلس شورای ملی است و شورایی مرکب از نمایندگان {......................} و رییس قوه قضاییه و مجلس شورای ملی (هر کدام سه نفر) بر این سازمان نظارت خواهد داشت. خط مشی و ترتیب اداره این سازمان و نظارت بر آن، و نیز شرایط ایجاد و اداره سایر رسانه هائی که با بودجه عمومی اداره می شوند را قانون مصوب مجلس شورای ملی تعیین می کند.

گزینه یک: نخست وزیر (پادشاهی)

گزینه دو: رئیس جمهور (جمهوری ریاستی)

فصل یازدهم - شورای عالی امنیت ملی

اصل یکصد و پنجاه و سوم

به منظور تامین منافع ملی و پاسداری از تمامیت ارضی و حاکمیت ملی، "شورای عالی امنیت ملی" به

ریاست {...............................}، با وظایف زیر تشکیل می گردد:

- تعیین سیاستهای دفاعی و امنیتی کشور.
- هماهنگ نمودن قوای مجریه، مقننه و قضائیه در زمینه تدابیر کلی دفاعی و امنیتی.
- بهره گیری از امکانات مادی و معنوی کشور برای مقابله با خطرات و تهدیدهای داخلی و خارجی.

گزینه یک: مقام سلطنت   (پادشاهی)

گزینه دو: رئیس جمهور   (جمهوری ریاستی)

سایر اعضای شورا عبارتند از:

- روسای قوای مجریه، مقننه و قضائیه
- رییس ستاد مشترک نیروهای مسلح
- عالیترین مقام نیروی زمینی، هوائی، دریائی، و نیروهای دیگری که حسب قوانین در ارتش تشکیل می شود
- مسئول امور برنامه و بودجه
- سه نماینده به انتخاب مجلس
- وزرای امور خارجه ، کشور، و امنیت ملی
- وزیر مربوط به موضوع معنونه حسب مورد

شورای عالی امنیت ملی به تناسب وظایف خود می تواند کمیته های فرعی از قبیل شورای دفاع و شورای امنیت کشور را تشکیل دهد. ریاست هر یک از کمیته های فرعی با شخصی است که از طرف شورای عالی امنیت ملی تعیین می شود. حدود اختیارات و وظایف کمیته های فرعی و تشکیلات آنها به تصویب شورای عالی امنیت ملی می رسد.

فصل دوازدهم - بازنگری در قانون اساسی

اصل یکصد و پنجاه و چهارم

با توجه به تحول جوامع بشری، تغییر نیازهای بشر، پیشرفت دانش بشری، و درک ضرورت تحول در قوانین و مقررات حاکم بر زندگی انسان، بازنگری در قانون اساسی ایران امکان پذیر است و به ترتیب زیر انجام می گیرد:

الف) هر بیست و پنج سال یک بار به طور منظم، یا

ب) در صورتی که ضرورت بازنگری یا تتمیم قانون اساسی به درخواست اکثریت مطلق نمایندگان مجلس مطرح و به تصویب دو سوم مجموع نمایندگان مجلس شورای ملی برسد،

شورای بازنگری قانون اساسی با ترکیب زیر و به ریاست رئیس مجلس جهت تهیه اصلاحیه یا متمم این قانون تشکیل می شود:

- روسای قوای سه گانه
- قضات دادگاه قانون اساسی
- پنج نفر از وزراء به انتخاب هیئت وزیران
- پنج نفر از قوه قضائیه به انتخاب قضات دیوان عالی کشور
- ده نفر از نمایندگان مجلس شورای ملی به انتخاب مجلس
- پنج نفر از اعضای هیئت علمی دانشگاهها به انتخاب مجلس

مصوبات شورا باید طی یک همه پرسی به تصویب اکثریت پنجاه و پنج درصد شرکت کنندگان برسد.

مسئولیت نظارت بر حسن اجرای همه پرسی بر عهده هیئت نظارت بر همه پرسی متشکل از پنج نفر نماینده وزارت کشور به انتخاب هیئت دولت، پنج نفر نماینده قوه قضائیه به انتخاب دیوان عالی کشور و بیست و پنج نفر از نمایندگان مجلس شورای ملی به انتخاب مجلس است. دادگاه قانون اساسی صلاحیت رسیدگی به شکایات از تصمیمات هیئت نظارت بر همه پرسی را دارا خواهد بود.

شیوه کار شورا، تفصیل ضوابط همه پرسی وسایر موارد را قانون تعیین می کند.

xxx

قطعنامه اتحاد برای دمکراسی

کانون حقوقدانان ایران(*) با توجه به دستآوردها و تجربیات تاریخی جوامع بشری، به ویژه تجربیات دهه های اخیر در کشورمان ایران، حمایت خود را از ضرورت بازنگری در قانون اساسی بر پایه اصول زیر اعلام می کند و از آحاد مردم ایران دعوت می کند در تدقیق این اصول و تدوین نسخه نهائی قانون اساسی فعالانه مشارکت فرمایند:

١. حاکمیت ملت بر سرنوشت خویش بر اساس خرد جمعی جامعه و با بهره گیری از دستآوردهای دانش در جوامع بشری،
٢. رعایت آزادی، برابری و سایر حقوق اساسی بشر، از جمله حقوق مدنی، سیاسی، اقتصادی، اجتماعی و فرهنگی در کشور با توجه کامل به میثاق ها وکنوانسیون های بین المللی از جمله میثاق حقوق مدنی و سیاسی (١٩٦٦)، میثاق حقوق اقتصادی، اجتماعی و فرهنگی (١٩٦٦)، کنوانسیون رفع کلیه اشکال تبعیض علیه زنان (١٩٧٩) و کنوانسیون حقوق کودک (١٩٨٩)، و تدوین مقررات کشور با رعایت این حقوق،
٣. برخورداری غیرتبعیض آمیز زن و مرد از همه حقوق انسانی، سیاسی، اقتصادی، اجتماعی و فرهنگی و تعیین وظایف برای آنان بر اساس عدالت،
٤. ممنوعیت تفتیش عقاید، مواخذه و تعرض به افراد به دلیل داشتن یا ابراز عقیده،
٥. ممنوعیت هرگونه گزینش افراد برای مشاغل بر اساس اعتقادات فکری آنان،
٦. آزادی کامل در داشتن اعتقادات مذهبی و غیرمذهبی و انجام مراسم اعتقادی و رعایت احوال شخصیه (ازدواج، طلاق، ارث و وصیت) ادیان و مذاهب، تا جائیکه بنا به تشخیص دادگاه ها مخالف قوانین موضوعه کشور، حقوق بشر، نظم عمومی و اخلاق حسنه (به مفهوم حقوقی آن) نباشد،
٧. آزادی داشتن یا نداشتن حجاب یا سایر نشانه های مذهبی و غیرآن،
٨. برخورداری کلیه آئین ها، اقوام و گروه ها از حقوق مساوی بدون در نظر گرفتن عواملی چون اعتقادات، رنگ، نژاد، زبان، و مانند اینها،

۹. آزادی کامل تشکیل احزاب، جمعیت ها، انجمن های سیاسی و صنفی، آزادی راه اندازی رسانه های گروهی، تشکیل اجتماعات و راه پیمایی ها، و آزادی اعتصاب، به عنوان مهم ترین ابزارهای احقاق حق،

۱۰. تضمین حق حیات و امنیت شخصی، و مصونیت حیثیت ، جان ، مال ، حقوق ، مسکن و شغل اشخاص از تعرض،

۱۱. نفی هر گونه رفتار یا کیفر ظالمانه، غیرانسانی یا تحقیرآمیز، و حق دسترسی همه به دادرسی عادلانه،

۱۲. ممنوعیت هر گونه شکنجه و آزار جسمی یا روحی به هر دلیل از جمله برای گرفتن اقرار و یا کسب اطلاعات و یا برای عمل ممنوع تفتیش عقاید، یا هتک حرمت از متهم یا مجرم محکوم، ممنوعیت ایجاد بازداشتگاه های غیر رسمی و ضرورت باز بودن درب کلیه زندانها به طور شبانه روزی و در تمام روزهای سال به روی بازرسان ویژه سه قوه و نمایندگان مجلس (که توسط مردم به طور مستقیم و بلاواسطه انتخاب می شوند)، و نیز نمایندگان ارگان های رسمی حقوق بشری سازمان ملل متحد، مجتمعاً یا منفرداً، و ضرورت مجازات شدید متخلف از این موارد،

۱۳. لغو مجازات اعدام، به هر عنوان، تحت هر شرایط و به هر شکل اعم از تیرباران، حلق آویز کردن، سنگسار، و دیگر اشکال متصور،

۱۴. تحقق حق برخورداری آحاد جامعه از تندرستی و بهداشت، رفاه مطلوب و شایسته انسان از جمله خوراک، پوشاک، مسکن، خدمات اجتماعی، و تحصیل رایگان،

۱۵. رعایت و تضمین تفکیک و استقلال کامل قوا، با رعایت اصل حاکمیت رای مردم،

۱۶. اداره امور کشور با اتکاء به آرا عمومی از راه انتخابات مستقیم و بلاواسطه توسط مردم از جمله از طریق انتخاب مقامات عالیه سه قوه مقننه، مجریه و قضائیه، مقامات ارشد اجرائی منطقه ای و محلی، و شوراهای منطقه ای و محلی، و تضمین مشارکت مردم در تعیین سرنوشت سیاسی ، اقتصادی ، اجتماعی و فرهنگی خویش،

۱۷. در نظر گرفتن راه های قابل دسترس برای بازنگری در قانون اساسی، با توجه به تحول جوامع بشری، تغییر نیازها و دانش بشر، و درک ضرورت تحول در قوانین و مقررات حاکم بر زندگی انسان،

۱۸. تضمین استقلال و امنیت اقتصادی و سیاسی کشور، ضمن داشتن تعامل با سایر کشورها،

۱۹. احترام به سایر ملل و برقراری روابط صلح آمیز با کشورهای جهان،

۲۰. همکاری با نهادهای بین المللی جهت استقرار و توسعه حقوق بشر، صلح و بهبود شرایط زیستی در جهان.

کانون حقوقدانان ایران

https://greenlawyers.wordpress.com

(*) توضیح: این قطعنامه نخستین بار در تاریخ ۲٤ مهرماه ۱۳۸۸ با امضای "حقوقدانان جنبش سبز مردم ایران"، که بعداً به "کانون حقوقدانان ایران" تغییر نام یافت، در وبلاگ این گروه درج شد و متعاقباً مبنای تنظیم پیش نویس پیشنهادی قانون اساسی نوین ایران قرار گرفت.

پیش گفتار نگارش اول

ملت آزاده و سلحشور ایران!

بخش عظیمی از مردم با شرکت خود در انتخابات دوره دهم ریاست جمهوری در صدد برآمدند در چارچوب نظام حقوقی پراشکال موجود، با انتخاب خود سرنوشتی دیگر را برای خود رقم زنند. اما مستبدان با فهمیدن شکست خود، دست به تخلف و تقلب وسیع و دستکاری نتیجه انتخاب مردم زدند. مردم بی درنگ با موج عظیم خود، اعتراضی سبز و صلح آمیز را بوجود آوردند تا خواسته شان، که بررسی تخلف ها و تقلب های سازمان یافته و دادن زمام امور به دست رئیس جمهور منتخب شان بود، مورد توجه مسئولین قرار گیرد. در مقابل، متقلبان کودتائی خونین را به راه انداختند و سعی کردند تحت فرمان رهبرشان، با ضرب و شتم، سرکوب، دستگیری، زندان، شکنجه روحی و جسمی، و حتی تجاوز، موج سرکش توده های مردم را به عقب برانند. موج مردم گامی فراتر نهاد و عزل کاندیدای متقلب و محاکمه وی و همدستان جنایتکارش، و در ادامه عزل رهبری را در چارچوب قانون اساسی موجود، از نهادهای مسئول در نظام خواستار شد. باز هم رهبر و سایر کودتاگران بر خیره سری و جنایات خود اصرار ورزیدند. قوه قضائیه نیز با نادیده گرفتن وظایف قانونی و انسانی خود، همچون سابق به همراهی با استبداد پرداخت و از آن بدتر، ابزار دست کودتاچیان و جنایتکاران شد. مجلس خبرگان که بیست سال است هیچ خاصیتی از خود بروز نداده، نیز با صدور اطلاعیه ای شرم آور به حمایت از رهبر کودتاچیان و جنایتکاران پرداخت و به این ترتیب نشان داد که امید بستن به این نهاد نظام توهمی بیش نیست.

این عوامل همه دست به دست هم دادند تا مردمی که قصد داشتند در حمایت از کاندیدای منتخب خود و در چارچوب همین قانون اساسی، حقوق خود را مطالبه کنند، از نظام جمهوری اسلامی که چیزی از آن جز پوسته ای پوسیده و تهی باقی نمانده است ناامید شوند و بیش از پیش از آن دل برکنند و ندای پایان یافتن استبداد دینی را سر دهند. در این ندا، مراجع جلیل القدر، متفکرین اسلامی و مسلمانان واقعی و آنان که دلشان برای اسلام می طپد نیز به امید نجات آبروی باقیمانده، به حق با سایر مردم هم آوا شده اند و بر آنچه که بر سر اعتقاداتشان آمده است افسوس و صد افسوس می خورند.

از این رو، فرزندان ملت ایران آئینه اعمال کودتاچیان و نهادهای سرسپرده و ناتوان نظام را در برابر

چشمانشان قرار می دهند. امروز مردم ایران گام ها به جلو آمده اند و می خواهند فلک را سقف بشکافند و طرحی نو دراندازند. جنبش امروز مردم ایران به عنوان تبلور کنونی آزادی خواهی ملت از مشروطیت تا به امروز، پیش نویس قانون اساسی نوین کشور سربلند ایران، یعنی کشوری که طبق تاریخ مکتوب زادگاه حقوق بشر در جهان بوده است، را به پیشگاه ملت شریف ایران، شهدای راه آزادی، اسیران در بند و مبارزین سلحشور خود تقدیم می دارد، تا به عنوان سنگ بنای نخست با کمک خرد جمعی صیقل یابد و نهایتاً در ادامه مبارزات حق طلبانه مردم، به همه پرسی گذاشته شود.

در زیر اولین نسخه پیش نویس پیشنهادی برای قانون اساسی نوین ایران، و در پی آن جدول مقایسه ای نسخه اول متن پیش نویس قانون اساسی نوین ایران و قانون اساسی جمهوری اسلامی (قانون فعلی) آمده است. اگر چه مطالعه جدول مذکور را پیشنهاد می کنیم ولی مطالعه دقیق متن تمیز (بدون متن قانون اساسی جمهوری اسلامی) را اکیداً توصیه می کنیم چرا که بسیاری از نکات از جمله همبستگی بین اصول و سیستم ایجاد شده در اثر ارتباط کل قانون (مثل سیستم روابط بین قوای سه گانه) تنها در سایه قرائت کل اصول به عنوان یک مجموعه به هم پیوسته میسر است.

هدف از تهیه نسخه اول این پیش نویس، جمع آوری و جمع بندی نظرها و پیشنهادهای همگان است. این نظرها و پیشنهادها به دو صورت در متن پیش نویس اعمال خواهد شد:

الف) تا حد امکان، نکته مربوطه در متن اعمال خواهد شد، در صورتی که:

- نکته مورد پیشنهاد، نکته ای مستقل از سایر بندها باشد و بافت قانون را به هم نریزد، و

- نظرات مخالفی در آن مورد دریافت نشده باشد.

ب) در غیر صورت های بالا، نکته یا نکات پیشنهادی به صورت بند هائی تحت عنوان "پیشنهاد یک و دو و ..." ذیل اصل مربوطه خواهد آمد.

استدعا داریم پیشنهادات خود را در مورد اصولی که با سایر اصول مرتبط هستند به گونه ای ارائه فرمائید که تغییرات هماهنگ و لازم در اصول مرتبط نیز با ذکر شماره اصل یا اصول مربوطه در پیشنهادتان منعکس باشد. مثلاً اگر شخصی تمایل به سیستم جمهوری دارد که در آن یک رئیس جمهور به انتخاب مردم به همراه یک نخست وزیر به انتخاب رئیس جمهور یا انتخاب مجلس یا ترکیبی از اینها وجود دارد حتماً سایر تغییرات لازم از حیث شیوه انتخاب نخست وزیر و حدود وظایف وی و رئیس جمهور را نیز همزمان مطرح نماید. به همین ترتیب اگر نظام پادشاهی مورد نظر

کسی باشد، حتماً حدود وظایف این سمت و نیز عنوان و اختیارات رئیس قوه مجریه را پیشنهاد نماید. اما در مورد مسائلی مثل علامت روی پرچم ملی، کافی است که نظر شخص (مثلاً درج "نام ایران با حروف نستعلیق"، "شیروخورشید"، "بدون علامت"، "آرم فعلی" یا هر پیشنهاد دیگر) مطرح شود و از آنجا که این اصل ارتباطی مستقیم با سایر اصول ندارد، همین اعلام نظر کافی است. ضمناً در صورتی که یک پیشنهاد حداقل در ۱٪ (یک درصد) نظرات رسیده، موضوعاً مشترک باشد، در نسخه دوم که زمان کوتاهی پس از جمع آوری نظرات منتشر خواهد شد، کلیه پیشنهادات بدون تبعیض و با حداکثر امانت داری منعکس می گردد.

روش بالا اساساً بخشی از موفق ترین روشی است که امروزه برای تدوین پیش نویس کنوانسیون ها و معاهدات بین المللی، و همچنین در پارلمان های فرا ملی وسیعاً به کار گرفته می شود.

متنی که به این ترتیب آماده می شود و حاوی پیشنهادات جمعبندی شده، چه در وجوه اشتراک و چه وجوه افتراق نظرات، خواهد بود، می تواند پس از رفراندوم و بعد از انتخاب نمایندگان مجلس موسسان قانون اساسی توسط مردم در یک انتخابات آزاد و تحت نظارت مجامع بی طرف، به عنوان یک منبع مفید مورد استفاده قرار گیرد. پایبندی به اصول کلی مندرج در قطعنامه "اتحاد برای دمکراسی" (در ذیل همین فایل) به معنای همدلی بیشتر در پیشبرد مبارزه با استبداد است و در عین حال داشتن نظرات گوناگون در مورد اصول پیش نویس قانون اساسی هیچ اشکالی ندارد و بلکه باید گفت که لازمه دمکراسی است. ویژگی جنبش سبز اساساً این است که طیف وسیعی از مردم را حول یک محور متحد کرده است و آن چیزی نیست جز همین دمکراسی. ضمناً بخشی از تفاوت در نظرات ناشی از ماهیت موضوعات است. مثلاً در برخی موارد مثل تنظیم روابط قوا، ساختار آنها و موارد دیگر، اصولاً بیش از یک راه حل وجود دارد و هر یک از آن راه حل ها (پیشنهادها) ممکن است در صورتی که به خوبی تنظیم و تدوین شود، از کارآئی قابل توجهی برخوردار باشد. به نظر ما، تصویر ترسیم شده در اصول این پیش نویس از اشکالات کمتر و مزایای بیشتر نسبت به مدلهای موجود حتی در بسیاری از جوامع موفق برخوردار است. اما باکی نیست اگر اصلاحات کوچک یا بزرگ برای بهسازی هر یک از این اصول پیشنهاد شود. امید ما این است که با همیاری هم، بتوانیم در کاهش اشکالات و افزایش مزایای این پیش نویس موفق شویم.

قطعنامه "اتحاد برای دمکراسی" که قبلاً توسط حقوقدانان حاضر تدوین شده بود، با توجه به نظرات رسیده برخی هموطنان، پالایش و بهسازی شد که مبنا و جوهره اصلی این پیش نویس قرار گرفته

است. لازم است تاکید کنیم که متن پیشنهادی حاضر، پیش نویس قانون اساسی است و تنها مبانی اصلی و اساسی اداره کشور را مشخص می کند. ضمن اینکه اصول یک قانون اساسی باید روشن، غیرقابل تفسیرهای ناخواسته، و مختصر باشد، باید توجه داشت که این قانون قرار نیست وارد همه مصادیق مشمول هر اصل شود چرا که در این صورت باید هزاران صفحه از قوانین را در قانون اساسی گنجاند. به عنوان مثال در قانون اساسی می توان گفت که مبنای حقوق افراد (مثلاً حقوق زنان) چیست: تعلیمات دینی، حقوق بشر در مفهوم بین المللی آن، یا ...؟ اما نباید انتظار داشت که در مورد جزئیات مباحثی همچون ازدواج و طلاق، ارث، حضانت فرزندان و مانند اینها، قانون اساسی به بحث بپردازد. وقتی می گوئیم حقوق غیر تبعیض آمیز یا برابر برای زنان و مردان با رعایت حقوق بشر به شرحی که در چند اصل این پیش نویس مورد اشاره قرار گرفته است، تکلیف اساساً روشن است و خطوط کلی در حدی که بر عهده قانون اساسی است ترسیم می شود. الباقی مسائل و بحث های مفصل و دقیق در مورد تک تک این موارد بعداً حسب مورد بر عهده قوانین مدنی، کیفری و سایر قوانین و حتی بعضاً رویه های قضائی است.

نکته آخر این که هر چه بیشتر بتوان نظرات مردم را دریافت کرد، متن از پختگی بیشتری برخوردار خواهد شد. تک تک نظرات بدون استثناء مورد مطالعه دقیق قرار خواهد گرفت. ایران به تساوی برای همه ایرانیان است. از همه علاقمندان خواهشمندیم در این خصوص از طریق فیس بوک، تویتر، بلوتوث، سایت های مختلف و ایمیل فردی و گروهی، وسیعاً اطلاع رسانی کنند. قانون اساسی مهم ترین رکن دمکراسی است. همین قانون است که چگونگی مشارکت اقشار گوناگون مردم در تقسیم قدرت و تنظیم امور، تضمین واقعی آزادیهای اساسی و جلوگیری از ایجاد استبداد را تعیین می کند. در تنظیم آن فعالانه مشارکت کنیم. نظرات شما کمک خواهد کرد تا به پیش نویس بهتری برای قانون اساسی دست یابیم. لطفاً نظرات خود را به آدرس هماهنگ کننده وبلاگ shahab_shabahang@hotmail.com بفرستید.

حقوقدانان جنبش سبز مردم ایران

آبانماه ۱۳۸۸

https://greenlawyers.wordpress.com

(توضیح: تاریخ و عنوان درج شده در بخش امضای این پیش گفتار مربوط به زمان نگارش آن برای نسخه اول است.)

پیش گفتار نگارش دوم

ملت آزادیخواه ایران!

متن نسخه دوم پیش نویس پیشنهادی قانون اساسی نوین تقدیم می شود. این متن با بررسی نظرات تعدادی از هم وطنان و اعمال برخی از این نظرات، عمدتاً طبق روال مذکور در پیش گفتار نسخه اول، و نیز همکاری ارزنده همکارانی که اخیراً به این حرکت پیوسته اند، صیقلی بیشتر یافته است. بسیاری از نظرات مشترک دوستان، در قالب حقوقی ریخته مستقیماً در متن اصول درج شد. در برخی موارد که این کار به دلیلی میسر نبود، یا پیشنهادات مختلف یا متعارض که برای درج در نسخه دوم امتیاز آورده بودند مطرح بود، مطلب مورد نظر به صورت پیشنهاد(های) رسیده در اصل مربوطه آورده شد.

دو نکته در اینجا قابل ذکر است: اولاً میزان استقبال دوستان از طریق نظردهی، به ویژه ایمیل های مفصل، بسیار چشمگیر بوده است. ثانیاً اشتراک نظرات "در مبانی تفکر و خواسته ها" بسیار خوشحال کننده است. این نشان می دهد که بخش وسیعی از نظر دهندگان می دانند که به دنبال چه هستند و آن چیزی نیست جز سیستمی که آزادی های اساسی و مردم سالاری را تضمین کند و چنان هوشمندانه و دقیق طراحی شده باشد که راه را، از هر زاویه ممکن، بر ظهور استبداد، ظلم و فساد ببندد. بخشی از اختلافات تنها مربوط به ساختارها و پیکربندی نهادها و قوای حکومتی است. مهم این است که اغلب در اهدافی که به دنبال آن هستیم اشتراک نظر داریم. اختلاف نظر در ساز وکارهای دستیابی به این مطلوب ها نه تنها اشکالی ندارد بلکه می تواند بسیار سازنده باشد. حداکثر امر این است که در صورت عدم حصول توافق از طریق تبادل نظر، نهایتاً صندوق رای تعیین کننده خواهد بود. ریسمان اتصال آزادیخواهان، اشتراک نظرشان نیست، بلکه به رسمیت شناختن حق اختلاف نظر و حل مسائل از طرق دمکراتیک و متمدنانه، با حاکمیت خرد و اندیشه است.

نسخه دوم پیش نویس پیشنهادی را فعالانه توزیع کنیم. این یک مبارزه مدنی مثبت است. امیدواریم تا زمانی که نهاد تدوین قانون اساسی (با هر نام و عنوان) تشکیل می شود تا به عنوان نمایندگان واقعی مردم این مهم را به انجام رسانند، توانسته باشیم متنی صیقل یافته و وزین را آماده کرده باشیم تا، در صورت دلخواه آن نمایندگان، به عنوان یک منبع مفید مورد استفاده قرار گیرد.

ضمناً این متن بر روی یک "ویکی" قرار می گیرد تا جمع آوری سازمان یافته نظرات آسان تر شود. آدرس این ویکی در وبلاگ ما درج می شود.

در نظر داریم امکان تهیه یک کتابچه (یا مجموعه ای شفاهی) جهت تبیین و توضیح هر یک از اصول تدوین شده در پیش نویس پیشنهادی را بررسی کنیم. امید که عمر و توان لازم را داشته باشیم.

حقوقدانان جنبش سبز مردم ایران
دی ماه ۱۳۸۸

https://greenlawyers.wordpress.com

(توضیح: تاریخ و عنوان درج شده در بخش امضای این پیش گفتار مربوط به زمان نگارش آن برای نسخه دوم است.)

پیش گفتار نگارش سوم

ملت آزاده و سلحشور ایران!

پیش نویس پیشنهادی قانون اساسی نوین ایران که در زیر تقدیم شده است برای نخستین بار در آبان ماه سال ۱۳۸۸ توسط جمع "حقوقدانان جنبش سبز مردم ایران" (که اکنون با گسترش این مجموعه و نیز تحولات بعدی به "کانون حقوقدانان ایران" تغییر نام داده است) تهیه شد. سپس در یک بازه زمانی معین، با دریافت آراء تخصصی حقوقدانان و نظرات علاقمندان از طریق ایمیل ها و یادداشت های ذیل صفحه مربوطه در وبلاگ حقوقدانان، نگارش دوم (با نام "نسخه دوم") که حاوی جمع بندی پیشنهادات قابل توجه رسیده بود ارائه شد. اکنون نگارش سوم با چند مورد اصلاحیه مختصر محتوائی و شکلی جهت استحضار مردم ایران تقدیم می شود.

این تلاش کانون حقوقدانان ایران انجام وظیفه ای بوده است که فرزندان همین مرز و بوم و دانش آموختگان حقوق در برابر خود دیدند تا قبل و پس از سرنگونی حکومت نامشروع جمهوری اسلامی به عنوان یکی از منابع برای نگارش متن نهائی قانون اساسی نوین ایران مورد بهره برداری نمایندگان واقعی ملت بزرگ ایران قرار گیرد. پیش نویس پیشنهادی حاضر با دقت و وسواس فراوان و با اتکاء به آموزه های حقوق اساسی و نیز بررسی قوانین اساسی حدود یکصد و سی کشور دیگر که در دسترس بوده نگاشته شده است. به گمان ما، تک تک مفاهیم، واژگان و عبارات مندرج در این پیش نویس از پختگی نسبی حقوقی برخوردار است و بخش عمده ای از حقوق اساسی و بشری که در طول چهار دهه اخیر به شدت از ملت ایران دریغ شده است را در خود دارد. به باور ما، بخش عظیمی از ملت ایران، برخلاف گفته های برخی محافل، خوب می دانند که به عنوان جایگزین حکومت اسلامی فعلی چه می خواهند.

نه تنها از کلیه حقوقدانان محترم ایران که دامنه ای وسیع تر از اعضای کانون حقوقدانان ایران را در بر می گیرد، بلکه از همه هم میهنان گرامی دعوت می شود این پیش نویس را با دقت مطالعه فرمایند. ضمناً از دوستانی که ممکن است در برداشت مفاهیم، اندیشه ها و دلائل حقوقی که مبنای تدوین این پیش نویس سوالات یا ملاحظاتی داشته باشند، تقاضا می شود از کمک حقوقدانان فرهیخته ای که در اطراف خود دارند بهره گیرند. ضمناً ایمیل ارتباطات همگانی کانون حقوقدانان ایران همواره برای دریافت نظرات و سوالات هم میهنان گرامی در دسترس است.

(shahab_shabahang@hotmail.com).

امیدواریم بتوانیم به زودی کلیپ ها یا مطالب آموزشی و توضیحی را در خصوص تک تک اصول مندرج در این پیش نویس آماده نمائیم. در حال حاضر از همه همراهان تقاضا می کنیم در صورت تمایل نسبت به بازنشر و توزیع متن حاضر به هر طریق ممکن اقدام فرمایند. هرگام به ظاهر کوچک ممکن است به تحولی عظیم انجامد. در مثل مناقشه نیست، در یک مغازه مکانیکی نوشته بودند: طاووسی که چتر خود را بسته و در کناری نشسته، تنها بوقلمونی دیگر است.

به سوی دست یابی به حقوق اساسی و بشری برای همه مردم ایران از شرق تا غرب و از شمال تا جنوب کشور!

کانون حقوقدانان ایران
دی ماه ۱۳۹۶
https://greenlawyers.wordpress.com

www.ingramcontent.com/pod-product-compliance
Lightning Source LLC
Chambersburg PA
CBHW060622210326
41520CB00010B/1441
9781068923500